Wir leben in einer Zeit, in der der größte Ausdruck von Liebe darin besteht, zum Objekt seiner Zuneigung Distanz zu halten; in der Regierungen, die für die rücksichtslose Kürzung öffentlicher Ausgaben bekannt sind, plötzlich wie von Zauberhand Milliarden bereitstellen können; in der Toilettenpapier zu einer Ware wird, die kostbarer ist als Diamanten. Es ist eine Zeit, in der, so Žižek, eine neue Form des Kommunismus der einzige Weg sein wird, um den Abstieg in globale Barbarei abzuwenden. Mit seinem lebendigen Schreibstil und Hang zu populärkulturellen Analogien (Quentin Tarantino und H.G. Wells treffen hier auf Hegel und Marx) liefert Žižek eine ebenso scharfsinnige wie provokative Momentaufnahme dieser Krise, die sich mehr und mehr ausbreitet und uns alle erfasst.

Slavoj Žižek, geboren 1949 in Ljubljana, ist Philosoph und Psychoanalytiker.

PANDEMIE!

PASSAGEN THEMA

Slavoj Žižek
Pandemie!

COVID-19 erschüttert die Welt

Aus dem Englischen von
Aaron Zielinski

Passagen Thema
herausgegeben von
Peter Engelmann

Passagen Verlag

Deutsche Erstausgabe
Titel der Originalausgabe: *Pandemic! COVID-19 Shakes the World*
Aus dem Englischen von Aaron Zielinski

Die Deutsche Nationalbibliothek verzeichnet diese Publikation
in der Deutschen Nationalbibliografie; detaillierte bibliografische
Daten sind im Internet über http://dnb.dnb.de/ abrufbar.

ISBN 978-3-7092-0441-2
1. Auflage
© 2020 Slavoj Žižek
Published by arrangement with OR Books, New York
© der dt. Ausgabe 2021 by Passagen Verlag Ges. m. b. H., Wien
Grafisches Konzept: Gregor Eichinger
Satz: Passagen Verlag Ges. m. b. H., Wien
http://www.passagen.at
Druck: Ferdinand Berger & Söhne GmbH, 3580 Horn

Inhalt

Für Michael Sorkin – Ich weiß, er weilt nicht länger unter uns, aber ich weigere mich, daran zu glauben.

Einführung: *Noli me tangere*

Als Maria Magdalena Jesus nach dessen Wiederauferstehung erkannt hatte, sagte er: „Rühr mich nicht an!" (Joh 20,17) Wie verstehe ich, als bekennender christlicher Atheist, diese Worte? Zunächst lese ich sie zusammen mit der Antwort Jesu auf die Frage seiner Jünger, wie sie ihn nach seiner Wiederauferstehung erkennen könnten. Jesus teilt ihnen mit, dass er immer dort anwesend sein werde, wo Liebe zwischen seinen Gläubigen ist. Er wird nicht als eine Person anwesend sein, die man berühren kann, sondern als das Band der Liebe und der Solidarität zwischen den Menschen. Sie sollten ihn also nicht anrühren, sondern andere Menschen berühren und sie im Geist der Liebe behandeln.

Heute jedoch werden wir inmitten der Corona-Pandemie mit Aufrufen bombardiert, andere gerade nicht zu berühren, sondern uns zu isolieren und eine angemessene körperliche Distanz zu wahren. Was bedeutet das für die Aufforderung: „Rühr mich nicht an"? Hände können die andere Person nicht erreichen. Nur aus unserem Inneren können wir uns einander nähern – und unsere Augen sind das Fenster ins „Innere". Trifft man dieser Tage eine Person, die einem nahesteht (oder vielleicht auch fremd ist), und wahrt dabei die angemessene Distanz, dann kann ein Blick in die Augen des Anderen mehr enthüllen als eine intime Berührung. In einem seiner Jugendfragmente schrieb Hegel:

Der Geliebte ist uns nicht entgegengesetzt, er ist eins mit unserem Wesen; wir sehen nur uns in ihm, und dann ist er doch wieder nicht wir – ein Wunder, das wir nicht zu fassen vermögen.[1]

Es ist entscheidend, diese zwei Behauptungen nicht als entgegengesetzt zu verstehen, so als wäre die geliebte Person teils ein „wir", ein Teil meiner selbst, und teils ein Rätsel. Besteht das Wunder der Liebe nicht darin, dass du gerade insofern Teil meiner Identität bist, als du ein Wunder bleibst, das ich nicht begreifen kann, ein Rätsel nicht nur für mich, sondern auch für dich? Um eine weitere bekannte Passage des jungen Hegel zu zitieren:

Der Mensch ist diese Nacht, diß leere Nichts, das alles in ihrer Einfachheit enthält – ein Reichthum unendlich vieler Vorstellungen, Bilder, deren keines ihm gerade einfällt –, oder die nichts als gegenwärtige sind. [...] Diese Nacht erblickt man wenn man dem Menschen ins Auge blickt [...].[2]

Kein Coronavirus kann uns das nehmen. Es gibt also die Hoffnung, dass die körperliche Distanzierung die Intensität unserer Verbindung mit anderen sogar stärken wird. Erst jetzt, da ich so viele von denen, die mir nahestehen, meiden muss, erfahre ich wirklich ihre Präsenz und ihre Bedeutung für mich.

Ich kann das Gelächter der Zyniker schon hören. Gut, vielleicht können wir solche Momente geistiger Nähe erleben, aber wie soll uns das dabei helfen, mit der gegenwärtigen Katastrophe umzugehen? Werden wir irgendetwas daraus lernen?

Hegel schreibt an einer Stelle, das Einzige, das wir aus der Geschichte lernen können, sei, dass wir nichts aus der Geschichte lernen. Ich bezweifle daher, dass die Pandemie uns klüger machen wird. Klar ist nur, dass das Virus die Fundamente unseres Lebens zerrütten wird.

Es wird nicht nur unvorstellbares Leid verursachen, sondern auch eine wirtschaftliche Verwüstung anrichten, die möglicherweise schlimmer sein wird als jene, die auf die Große Rezession folgte. Es gibt kein Zurück zur Normalität. Wir werden die neue „Normalität" auf den Ruinen unseres alten Lebens errichten müssen, andernfalls werden wir uns in einer neuen Barbarei wiederfinden, deren Anzeichen bereits klar erkennbar sind. Es wird nicht reichen, die Pandemie als einen unglücklichen Unfall zu behandeln, ihre Konsequenzen aufzuarbeiten und zum reibungslosen Ablauf der alten Vorgehensweise zurückzukehren (vielleicht mit ein paar Anpassungen unseres Gesundheitssystems). Wir müssen die Kernfrage stellen: Was läuft in unserem System falsch, dass wir so unvorbereitet von dieser Katastrophe erfasst wurden, obwohl die Wissenschaft uns seit Jahren davor gewarnt hat?

Jetzt sitzen wir alle im selben Boot

Li Wenliang, der Arzt, der die Corona-Epidemie als Erster entdeckt hat und daraufhin von den Behörden zensiert wurde, war im wahrsten Sinn des Wortes ein Held unserer Zeit. Er war so etwas wie eine chinesische Chelsea Manning oder ein chinesischer Edward Snowden. Es ist daher kein Wunder, dass sein Tod vielerorts für Entrüstung gesorgt hat. Die Reaktion auf den Umgang des chinesischen Staats mit der Epidemie war vorherzusehen und kommt am besten im Kommentar der in Hong Kong ansässigen Journalistin Verna Yu zum Ausdruck:

Würde China die Redefreiheit schätzen, gäbe es keine Corona-Krise. Solange die Redefreiheit und andere Menschenrechte von chinesischen Bürgern nicht respektiert werden, werden solche Krisen immer wieder entstehen … Die Menschenrechte in China mögen auf den ersten Blick wenig mit dem Rest der Welt zu tun haben. Wie wir jedoch in dieser Krise sehen konnten, kann es zu einer Katastrophe kommen, wenn China die Freiheit seiner Bürger einschränkt. Es ist Zeit, dass die internationale Gemeinschaft dieses Thema ernst nimmt.[3]

Man kann sicherlich sagen, dass die gesamte Funktionsweise des chinesischen Staatsapparats gegen ein altes Motto von Mao verstößt: „Vertraut der Masse!" Die Regierung geht vielmehr von der Annahme aus, dass man den Menschen *nicht* vertrauen sollte: Die Menschen sollen geliebt, beschützt, versorgt und kontrolliert werden – aber man darf ihnen nicht vertrauen. Dieses Misstrauen ist der Gipfelpunkt einer Haltung, die die chinesischen Behörden auch einnehmen, wenn sie auf Umweltproteste oder Proteste gegen den mangelnden Gesundheitsschutz von Arbeitern reagieren. Dabei nutzen sie in der Regel ein ganz bestimmtes Verfahren: Eine Person – etwa ein Umweltaktivist, eine marxistische Studentin, der Chef von Interpol, ein religiöser Prediger, ein Verleger aus Hong Kong oder gar eine bekannte Filmdarstellerin – verschwindet für einige Wochen, bevor sie wieder in der Öffentlichkeit auftaucht und eine Reihe von Anschuldigungen gegen sie erhoben werden. Diese lange Zeit des Schweigens vermittelt die Kernaussage: Die Ausübung der Macht ist undurchdringlich und bedarf keiner Beweise. Die rechtliche Argumentation fällt auf einen fernen zweiten Platz zurück, wenn diese Kernaussage vermittelt wird. Dennoch stellen die verschwundenen marxistischen Studierenden einen besonderen Fall dar: Während das Verschwinden von Individuen sonst immer auf Aktivitäten zurückgeführt werden kann, die für den Staat auf irgendeine Weise eine Bedrohung darstellen, haben die marxistischen Studierenden ihre kritischen Aktivitäten immerhin durch den Verweis auf die offizielle Doktrin legitimiert.

Natürlich war es das Gespenst eines selbstorganisierten Netzwerks, das diese Panikreaktion bei der Parteiführung hervorgerufen hat. Dieses Netzwerk entsteht durch direkte, horizontale Verbindungen zwischen Gruppen von Studierenden und Arbeitenden, ist im Marxismus verwurzelt und genießt die Sympathie einiger alter Parteikader und sogar von Teilen der Armee. Solch ein Netzwerk untergräbt unmittelbar die Legitimität der Parteiherrschaft und denunziert sie als Betrug. Kein Wunder also, dass die Regierung in den vergangenen Jahren viele „maoistische" Websites stillgelegt und marxistische Diskussionskreise an Universitäten verboten hat. Heute ist das Gefährlichste, was man in China tun kann, ernsthaft an die offizielle Staatsideologie zu glauben. Inzwischen zahlt China den Preis für diese Haltung:

Dem führenden Epidemiologen und Gesundheitsexperten Gabriel Leung aus Hong Kong zufolge könnte die Corona-Pandemie, wenn sie nicht unter Kontrolle gebracht wird, etwa zwei Drittel der Weltbevölkerung erreichen.[4] „Die Menschen", so Leung, „müssen ihrer Regierung vertrauen und an sie glauben, solange die Unsicherheiten eines neuen Ausbruchs von der wissenschaftlichen Gemeinschaft verhandelt werden. Und wie soll man diese Epidemie bekämpfen, wenn soziale Medien, Fake News und echte Nachrichten durcheinandergemischt werden und es kein Vertrauen gibt? Wir brauchen mehr Vertrauen, mehr Sinn für Solidarität und mehr guten Willen – denn all das ist bereits vollständig aufgebraucht."

In einer gesunden Gesellschaft, so meinte Doktor Li, als er kurz vor seinem Tod in einem Krankenhausbett lag, sollte es mehr als eine Stimme geben. Mit diesem dringenden Bedürfnis danach, andere Stimmen zu hören, ist aber nicht unbedingt ein Mehrparteiensystem wie im Westen gemeint. Es handelt sich vielmehr um die Forderung nach einem offenen Raum, in dem die kritischen Reaktionen von Bürgern kursieren können. Das Hauptargument gegen die Vorstellung, der Staat müsse Gerüchte kontrollieren, um eine Panik zu vermeiden, ist, dass diese Kontrollen selbst Misstrauen verbreiten und so noch mehr Verschwörungstheorien hervorbringen. Nur dadurch, dass die gewöhnlichen Menschen und der Staat einander vertrauen, kann verhindert werden, dass so etwas passiert.

In Zeiten von Epidemien brauchen wir einen starken Staat, weil großangelegte Maßnahmen wie Quarantänen mit militärischer Disziplin durchgeführt werden müssen. China war dazu in der Lage, zig Millionen Menschen unter Quarantäne zu setzen. Es ist unwahrscheinlich, dass die USA die gleichen Maßnahmen durchführen können, wenn sie vor einer Epidemie ähnlichen Ausmaßes stehen. Man kann sich leicht vorstellen, dass bewaffnete Banden von Libertären, die glauben, die Quarantäne basiere auf einer staatlichen Verschwörung, versuchen werden, sich ihren Weg freizukämpfen. Hätte der Ausbruch der Pandemie also durch mehr Redefreiheit verhindert werden können? Oder war China dazu gezwungen, in der Provinz Hubei Bürgerrechte zu opfern, um die Welt zu retten? In einem gewissen Sinne sind beide Alternativen wahr. Und was die Sache noch schlimmer macht, ist, dass es nicht leicht ist, die „gute" Redefreiheit von den „schlechten" Gerüchten zu unterscheiden. Wenn kritische Stimmen sich darüber beklagen, dass die chinesischen Behörden „die Wahrheit immer wie ein Gerücht behandeln werden", so muss man hinzufügen, dass die offiziellen Medien und ein weiter Teil der digitalen Nachrichten bereits voll von Gerüchten sind.

Rossija 1, einer der größten nationalen Fernsehsender Russlands, hat dafür ein schlagendes Beispiel geliefert. Dort wurde im abendlichen Nachrichtenprogramm *Vremya* eine reguläre Rubrik eingerichtet, die den Corona-Verschwörungstheorien gewidmet ist. Die Art der Berichterstattung ist ambivalent. Sie scheint diese Theorien zu widerlegen, hinterlässt bei den Zuschauenden jedoch den Eindruck, dass sie ein Körnchen Wahrheit enthalten. Die zentrale Botschaft – dass geheimnisvolle westliche Eliten (insbesondere aus den USA) irgendwie für die Corona-Pandemie verantwortlich seien – wird demnach in Form eines fragwürdigen Gerüchts verbreitet: Es ist zu verrückt, um wahr zu sein … aber andererseits, wer weiß?[5] Komischerweise löscht die Aussetzung der eigentlichen Wahrheit ihre symbolische Wirksamkeit nicht aus. Wir müssen zudem anerkennen, dass eine Panik, die noch viel mehr Opfer fordern würde, manchmal dadurch verhindert werden kann, dass nicht die ganze Wahrheit gesagt wird. Auf dieser Ebene kann das Problem also nicht gelöst werden – der einzige Ausweg liegt in gegenseitigem Vertrauen zwischen Volk und Staatsapparat. Und das fehlt in China vollkommen.

Während sich die weltweite Pandemie weiter ausbreitet, müssen wir uns darüber klar werden, dass die Marktmechanismen allein das Chaos und den Hunger nicht verhindern werden. Maßnahmen, die den meisten von uns heute als „kommunistisch" erscheinen, müssen auf globaler Ebene in Betracht gezogen werden: Die Abstimmung von Produktion und Distribution muss außerhalb der Koordinaten des Marktes stattfinden. Man sollte sich hier an die große Hungersnot erinnern, die Irland in den 1840er-Jahren verwüstet hat: Millionen von Menschen sind gestorben oder wurden gezwungen, das Land zu verlassen. Der britische Staat bewahrte seinen Glauben an die Marktmechanismen und exportierte weiterhin Nahrungsmittel aus Irland, während unzählige Menschen hungerten. Wir müssen hoffen, dass eine ähnlich brutale Lösung heute nicht mehr akzeptabel ist.

Man könnte die gegenwärtige Corona-Pandemie als eine umgekehrte Version von H. G. Wells' *Krieg der Welten* (1897) verstehen. In dieser Geschichte entdeckt der verzweifelte Held und Erzähler, dass die Marsianer durch einen Angriff heimischer Erreger, gegen die sie keine Immunität besitzen, getötet werden, nachdem sie die Erde erobert haben: „die Marsleute lagen […] erwürgt, nachdem alle Anschläge der Menschen fehlgeschlagen hatten, von den niedrigsten Wesen, die Gott in seiner Weisheit ins Leben gerufen hat".[6] Interessanterweise ist der Plot Wells zufolge nach einer Diskussion mit seinem Bruder Frank entstanden, in der es um den katastrophalen Effekt der Briten auf die indigene Bevölkerung von Tasmanien ging. Was würde passieren, fragte er sich, wenn die Marsianer den Briten das antäten, was die Briten der indigenen Bevölkerung Tasmaniens angetan hatten? Diesen fehlten jedoch die tödlichen Erreger, um die Invasoren abzuwehren."[7] Vielleicht sollte man eine Pandemie, die droht, die Weltbevölkerung zu dezimieren, so behandeln, als drehte sie Wells' Geschichte um: Die „Invasoren vom Mars", die das Leben auf der Erde rücksichtslos ausbeuten und zerstören, sind wir selbst, die Menschheit; und jetzt, da alle Mittel der hochentwickelten Primaten, sich gegen uns zu wehren, versagt haben, werden wir von den „niedrigsten Wesen, die Gott in seiner Weisheit ins Leben gerufen hat" bedroht: von dummen Viren, die sich blind reproduzieren – und mutieren.

Natürlich sollten wir die sozialen Bedingungen, die die Corona-Pandemie ermöglicht haben, detailliert analysieren. Bedenken Sie nur, dass es in der vernetzten Welt von heute möglich ist, dass eine britische Person jemanden in Singapur trifft, dann nach England zurückkehrt, in Frankreich Skifahren geht und dort vier weitere Menschen infiziert … Die üblichen Verdächtigen warten nur darauf, verhört zu werden: die Globalisierung, der kapitalistische Markt, die Mobilität der Reichen. Man sollte jedoch der Versuchung widerstehen zu glauben, hinter der aktuellen Pandemie verberge sich eine tiefere Bedeutung: die harte, aber gerechte Strafe für eine Menschheit, die die anderen Lebensformen der Erde rücksichtslos ausbeutet. Wenn wir nach solchen verborgenen Bedeutungen suchen, bleiben wir vormodern: denn wir behandeln das Universum als einen Kommunikationspartner. Auch wenn unser bloßes Überleben bedroht ist, liegt doch etwas Beruhigendes in der Tatsache, dass wir bestraft werden, dass sich das Universum (oder gar irgendjemand da draußen) mit uns beschäftigt. Wir spielen auf irgendeine profunde Weise eine wichtige Rolle. Was jedoch schwierig zu akzeptieren ist, ist die Tatsache, dass die aktuelle Pandemie das Ergebnis natürlichen Zufalls in seiner reinsten Form ist. Es ist einfach passiert. Es verbirgt sich keine tiefere Bedeutung dahinter. In der großen Ordnung der Dinge sind wir bloß irgendeine Spezies ohne besondere Bedeutung.

Der israelische Premierminister Benjamin Netanyahu hat den palästinensischen Behörden als Reaktion auf die Gefahr eines Corona-Ausbruchs angeboten, zu helfen und zu koordinieren. Das hat er nicht aus bloßer Güte oder menschlicher Rücksicht getan, sondern einfach deshalb, weil es in dieser Hinsicht unmöglich ist, zwischen Juden und Palästinensern zu unterscheiden. Wenn eine Gruppe betroffen ist, wird die andere zwangsläufig auch leiden. Dies ist die Realität, die wir in Politik umsetzen sollten. Es ist Zeit, das Motto „America First" (oder was auch immer sonst) fallen zu lassen. Wie Martin Luther King vor über einem halben Jahrhundert gesagt hat: „Es mag sein, dass wir alle auf unterschiedlichen Schiffen hier angekommen sind, aber jetzt sitzen wir im selben Boot."

Warum sind wir dauernd müde?

In der Corona-Pandemie begegnen wir zwei gegensätzlichen Figuren, die das Alltagsleben bestimmen: Einerseits medizinisches Fachpersonal und Pflegekräfte, die überarbeitet sind und sich am Rand der Erschöpfung befinden, andererseits diejenigen, die nichts zu tun haben, weil sie gezwungenermaßen oder freiwillig zu Hause bleiben. Da ich zu der zweiten Gruppe gehöre, fühle ich mich dazu verpflichtet, diese missliche Lage dafür zu nutzen, eine kurze Reflexion über die verschiedenen Arten der Müdigkeit anzustellen. Dabei werde ich das offensichtliche Paradox ignorieren, das darin liegt, dass erzwungene Untätigkeit uns müde macht. Aber beginnen wir bei Byung-Chul Han, der eine systematische Erklärung dafür vorgelegt hat, inwiefern und warum wir in einer *Müdigkeitsgesellschaft* leben.[8] Schamlos, aber dankbar, kopiere ich eine kurze Zusammenfassung von Byung-Chul Hans Meisterwerk desselben Namens aus der Wikipedia:

Angetrieben von der Forderung, durchzuhalten und nicht zu scheitern, sowie von dem Ehrgeiz, effizient zu sein, werden wir gleichermaßen zu Tätern und Opfernden. So geraten wir in einen Strudel von Abgrenzung, Selbstausbeutung und Zusammenbruch. „In der immateriellen Produktion besitzt jeder ohnehin sein Produktionsmittel selbst. Das neoliberale System ist kein Klassensystem im eigentlichen Sinne mehr. Es besteht nicht aus Klassen, die sich zueinander antagonistisch verhielten. Darin besteht gerade die Stabilität dieses Systems."[9] Han behauptet, dass die Subjekte beginnen, sich selbst auszubeuten: „Jeder ist heute ein *selbstausbeutender Arbeiter seines eigenen Unternehmens. Jeder ist Herr und Knecht in einer Person. Auch der Klassenkampf verwandelt sich in einen *inneren Kampf mit sich selbst*.“[10] Das Individuum ist zu dem geworden, was Han das „Leistungssubjekt" nennt; die Individuen glauben nicht, dass sie unterworfene „Subjekte" sind, sondern eher „ein freies, sich immer neu entwerfendes, neu erfindendes *Projekt*".[11] Dieses erweise sich „selbst als eine Zwangsfigur, sogar als eine *effizientere Form der Subjektivierung und Unterwerfung*. Das Ich als Projekt, das sich von äußeren Zwängen und Fremdzwängen befreit zu haben glaubt, unterwirft sich nun inneren Zwängen und Selbstzwängen in Form von Leistungs- und Optimierungszwang."[12]

Obwohl Han einige einleuchtende Beobachtungen über die neue Art der Subjektivierung anstellt, von denen wir viel lernen können (was er erkennt, ist die heutige Form des Über-Ichs), müssen doch einige kritische Punkt angemerkt werden. Erstens sind die Zwänge und Selbstzwänge nicht bloß intern: Es werden neue und strenge Verhaltensregeln durchgesetzt, vor allem unter den Mitgliedern der neuen „intellektuellen" Klasse. Denken wir nur an die Zwänge durch die Political Correctness, die einen eigenen Bereich des „Kampfes mit sich selbst", gegen die eigenen „unkorrekten" Versuchungen darstellt. Oder denken wir an das folgende Beispiel einer sehr externen Einschränkung: Vor einigen Jahren hat der Filmemacher Udi Aloni einen Besuch des palästinensischen *Freiheitstheater Jenin* in New York organisiert. In der *New York Times* wurde ein Bericht über diesen Besuch abgedruckt, der fast nicht veröffentlicht worden wäre. Denn als Aloni darum gebeten wurde, für den Artikel seine jüngste Veröffentlichung zu nennen, erwähnte er einen Band, für den er als Herausgeber agiert hatte. Das Problem war jedoch, dass das Wort „bi-national" im Untertitel stand. Da die *New York Times* Angst davor hatte, die israelische Regierung zu verärgern, forderte sie ihn dazu auf, dieses Wort zu streichen; sonst würde der Bericht nicht erscheinen.

Oder nehmen wir ein anderes Beispiel aus der jüngeren Vergangenheit: Die britisch-pakistanische Schriftstellerin Kamila Shamsie hat einen Roman mit dem Titel *Home Fire*, eine erfolgreiche modernisierte Version von *Antigone*, geschrieben. Für diesen Roman hat sie mehrere internationale Preise erhalten, darunter auch den von der deutschen Stadt Dortmund vergebenen Nelly-Sachs-Preis. Als jedoch bekannt wurde, dass Shamsie die BDS-Bewegung unterstützt, wurde ihr der Preis nachträglich wieder aberkannt. In der Begründung hieß es, dass die Jury, als sie die Entscheidung zur Preisvergabe gefällt hatte, „nicht wusste, dass die Autorin seit 2014 die Boykottmaßnahmen unterstützt, die sich gegen die Palästina-Politik der israelischen Regierung richten."[13] Die heutige Lage sieht folgendermaßen aus: Peter Handke hat 2019 den Nobelpreis für Literatur erhalten, obwohl er offen die serbischen Militäroperationen in Bosnien befürwortet hat, während die Teilnahme an einem friedlichen Protest gegen die israelische Politik in der West Bank den Ausschluss aus dem Kreis der Gewinner bedeuten kann.

Zweitens ist die neue Form der Subjektivität, die Han beschreibt, von einer neuen Phase des globalen Kapitalismus geprägt. Dieser ist weiterhin ein Klassensystem, in dem die Ungleichheit immer stärker anwächst. Kampf und Antagonismus können keinesfalls auf einen persönlichkeitsinternen „Kampf gegen sich selbst" reduziert werden. In der dritten Welt gibt es weiterhin Abermillionen von Menschen, die einer körperlichen Arbeit nachgehen, und es herrschen enorme Unterschiede zwischen den verschiedenen Arten immaterieller Arbeit (es reicht wohl aus, auf die wachsende Zahl derer hinzuweisen, die im sozialen Bereich arbeiten, wie etwa diejenigen, die ältere Menschen betreuen). Zwischen dem Topmanager, der eine Firma besitzt oder leitet, und den prekär Arbeitenden, die ihre Tage allein zuhause fristen und am eigenen PC sitzen, liegt eine große Kluft – auf jeden Fall sind sie nicht im selben Sinne Herr und Knecht.

Es wird viel darüber geschrieben, wie die alte fordistische Fließbandarbeit durch eine neue Form kooperativer Arbeit ersetzt wurde, die der individuellen Kreativität viel mehr Raum lässt. Was jedoch wirklich passiert, ist eher Outsourcing als Ersatz. Die Arbeit bei Microsoft und Apple mag zwar auf eine kooperativere Weise organisiert sein, das fertige Produkt hingegen wird in China oder in Indonesien auf eine sehr fordistische Weise zusammengesetzt – die Fließbandarbeit wird einfach outgesourced. Wir können also eine neue Form der Arbeitsteilung beobachten: Selbstständige und sich selbst ausbeutende Arbeitende (wie sie von Han beschrieben werden) in den westlichen Industrieländern, zehrende Fließbandarbeit in der Dritten Welt und schließlich der wachsende Sektor von Sozialdienstleistungen in all ihren Formen (Pflegepersonal, Servicepersonal …), der vor Ausbeutung ebenso strotzt. Einzig die erste Gruppe (die selbständigen, oft prekär Arbeitenden) passen in Hans Beschreibung.

Jede dieser drei Gruppen birgt eine bestimmte Weise, müde und überarbeitet zu sein. Die Fließbandarbeit ist einfach dadurch zehrend, dass sie so repetitiv ist. Weil sie wieder und wieder das gleiche iPhone zusammensetzen müssen, während sie an einem Tisch in einer Foxconn-Fabrik in einem Vorort von Shanghai sitzen, befinden sich die Arbeitenden am Rande der Erschöpfung. Im Gegensatz zu dieser Müdigkeit ist das, was die sozialen

Berufe so anstrengend macht, die Tatsache, dass erwartet wird, diese Arbeit mit Empathie auszuführen: als sorge man sich um die „Objekte" der Arbeit. Erziehende in Kindergärten werden nicht nur dafür bezahlt, auf die Kinder aufzupassen, sondern auch dafür, ihnen Zuneigung zu zeigen. Das Gleiche gilt für diejenigen, die sich um die Alten und Kranken kümmern. Man kann sich leicht vorstellen, wie anstrengend es ist, immer „nett zu sein". Im Gegensatz zu den beiden ersten Bereichen, in denen immerhin irgendeine Form innerer Distanz zur Tätigkeit gewahrt werden kann (sogar, wenn man von uns erwartet, ein Kind nett zu behandeln, können wir ja einfach so tun, als ob), verlangt der dritte Bereich etwas von uns, das noch viel ermüdender ist. Stellen Sie sich vor, dafür angestellt zu werden, ein Produkt zu bewerben oder zu vermarkten, um Menschen davon zu überzeugen, es zu kaufen – sogar, wenn einen das Produkt nicht interessiert oder man die Idee hinter diesem Produkt verachtet. Man muss viel Kreativität aufbringen, um originelle Lösungen zu finden, und solch ein Aufwand kann viel erschöpfender sein als repetitive Fließbandarbeit. Das ist die spezifische Müdigkeit, von der Han spricht.

Aber nicht nur die prekären Beschäftigten, die zuhause an ihren Computerbildschirmen sitzen, erschöpfen sich durch Selbstausbeutung. Auch eine andere Gruppe sollte hier erwähnt werden, die für gewöhnlich mit der betrügerischen Bezeichnung „kreative Teamarbeit" belegt wird.[14] Von diesen Arbeitenden erwartet man, dass sie im Namen des höheren Managements oder der Besitzer unternehmerische Funktionen ausfüllen. Sie setzen sich „kreativ" mit der gesellschaftlichen Organisation der Produktion und der Distribution auseinander. Die Rolle solcher Gruppen ist ambivalent: einerseits „gehen die Arbeiter, indem sie sich die unternehmerische Funktion aneignen, innerhalb der eingeschränkten Form von Profitabilität mit dem gesellschaftlichen Charakter und der Bedeutung ihrer Arbeit um. [...] Die Fähigkeit, die Arbeit und die Kooperation effizient und wirtschaftlich zu organisieren und über den gesellschaftlichen Wert der Arbeit zu reflektieren, war für die Menschheit schon immer nützlich und wird es immer bleiben."[15] Jedenfalls ordnen sie sich dabei fortwährend dem Kapital unter, das heißt, ihr Ziel ist es, das Unternehmen effizienter und profitabler zu machen. Diese Spannung ist es, die die „kreative Teamarbeit" so erschöpfend macht. Sie werden für den Erfolg des Betriebs verantwortlich gemacht, während mit ihrer Teamarbeit sowohl die Konkurrenz untereinander als auch die Konkurrenz mit andern Gruppen einhergeht. Als Organisatoren des Arbeitsprozesses werden sie dafür bezahlt, eine Rolle auszuüben, die traditionell von den Kapitalisten übernommen wurde. Da sie die Sorgen und die Verantwortung des Managements übernehmen und dabei trotzdem Lohnarbeiter mit einer unsicheren Zukunft bleiben, vereint ihr Los das Schlechteste aus beiden Welten.

Solche Klassenunterteilungen haben im Rahmen der Corona-Panik eine neue Dimension erlangt. Wir werden mit Aufforderungen bombardiert, von zuhause aus der sicheren Isolation zu arbeiten. Aber welche Gruppen können das tun? Prekäre geistig Arbeitende und Manager, die ihre Zusammenarbeit mithilfe von E-Mails, Telefon- und Webkonferenzen fortsetzen können, sodass die Arbeit mehr oder weniger ohne Unterbrechung weiterläuft – selbst dann, wenn sie zuhause in Quarantäne sitzen. Vielleicht haben sie sogar noch mehr Zeit, um „sich selbst auszubeuten". Aber was ist mit denen, die draußen arbeiten müssen, in Fabriken und auf Feldern, in Läden, Krankenhäusern oder im öffentlichen Nahverkehr? Viele Dinge müssen draußen, wo es unsicher ist, stattfinden, damit andere in ihrer privaten Quarantäne überleben können ...

Zu guter Letzt sollten wir der Versuchung widerstehen, strenge Selbstdisziplin und eine Hingabe an die Arbeit zu verurteilen, und eine *Take it easy*-Mentalität zu propagieren – *Arbeit macht frei!* bleibt das richtige Motto, auch wenn es von den Nazis brutal missbraucht wurde. Sicher, für viele, die die Auswirkungen der Pandemie bekämpfen, ist es harte Arbeit – aber es handelt sich um sinnvolle Arbeit, die dem Wohl der Gemeinschaft dient und die auf gewisse Weise befriedigend ist, und nicht um die stupide Anstrengung, auf dem Markt erfolgreich zu sein. Wenn medizinisches Personal vor lauter Überstunden todmüde ist, wenn Pflegepersonal von einer anspruchsvollen Aufgabe erschöpft ist, dann handelt es sich dabei um eine Müdigkeit, die sich von der Erschöpfung unterscheidet, die diejenigen befällt, die zwanghaft an ihrer Karriere arbeiten. Ihre Müdigkeit ist der Mühe wert.

Ein perfekter Sturm braut sich über Europa zusammen

Ein perfekter Sturm findet dann statt, wenn eine seltene Kombination disparater Umstände ein äußerst gewaltvolles Ereignis hervorruft: In einem solchen Fall entfesselt das Zusammenspiel der Kräfte eine Energie, die viel größer als die Summe ihrer Teile ist. Sebastian Jungers Sachbuchbestseller aus dem Jahre 1997 hat den Begriff bekannt gemacht. Junger beschreibt darin einen Zusammenfall von Umständen, der nur einmal pro Jahrhundert auftritt und der 1991 auf den nördlichen Teil der Ostküste der USA traf: Ein Hochdruckgebiet, das von den Großen Seen ausging, verursachte einen Sturm über Sable Island vor der Küste von Nova Scotia. Dieser Sturm kollidierte mit Hurrikan „Grace", der von der Karibik heranzog. Im Mittelpunkt von Jungers Bericht steht die Crew des Fischerbootes *Andrea Gail*, das von den enormen Wellen verschlungen wurde.

Wegen des globalen Ausmaßes der Corona-Pandemie wird häufig behauptet, wir säßen alle im selben Boot. Doch einige Zeichen deuten darauf hin, dass das Boot namens „Europa" dem Schicksal der *Andrea Gail* viel nähersteht als andere. Drei Stürme brauen sich über Europa zusammen und bündeln ihre Kräfte. Die ersten beiden beschränken sich nicht auf Europa: die unmittelbaren physischen Auswirkungen der Corona-Pandemie (Quarantäne, Leid und Tod) und die wirtschaftlichen

Auswirkungen, die in Europa schlimmer sein werden als andernorts. Denn der Kontinent befindet sich bereits in einer Stagnation und ist zudem stärker von Importen und Exporten abhängig als andere Teile der Welt (die Autoindustrie beispielsweise bildet das Rückgrat der deutschen Wirtschaft, und der Export von Luxusautos nach China steht bereits still). Diesen beiden Stürmen müssen wir einen dritten hinzufügen, den wir das Putogan-Virus nennen können: Ein neuer Gewaltausbruch zwischen der Türkei und dem Assad-Regime in Syrien (das unmittelbar von Russland unterstützt wird). Beide Seiten nutzen das Leid von Abermillionen vertriebener Menschen kaltblütig für ihre eigenen politischen Zwecke aus.

Als die Türkei begann, tausende von Migranten dazu aufzufordern, nach Europa weiterzuziehen, und sogar den Transport an die griechische Grenze organisierte, rechtfertigte Erdoğan diese Maßnahmen mit pragmatischen, humanitären Gründen: Die Türkei könne die wachsende Zahl von Flüchtlingen nicht länger bewältigen. Diese Ausrede ist Ausdruck eines unglaublichen Zynismus: Sie ignoriert die Tatsache, dass die Türkei selbst am syrischen Bürgerkrieg teilgenommen hat, dass sie eine Fraktion gegen die andere unterstützt hat und dass sie daher wesentlich für den Flüchtlingsstrom mitverantwortlich ist. Jetzt erwartet die Türkei von Europa, die Last der Flüchtlinge mitzutragen, also den Preis für die eigene rücksichtslose Politik zu zahlen. Die „Pseudolösung" des Konflikts mit den Kurden in Syrien – in deren Rahmen die Türkei und Russland einen Frieden durchgesetzt haben, damit beide in der Lage sind, ihre jeweils eigene Seite zu kontrollieren – bricht mittlerweile in sich zusammen. Doch Russland und die Türkei sind weiterhin in einer glänzenden Position, um Druck auf

Europa auszuüben: Sie kontrollieren sowohl die Ölzufuhr als auch den Flüchtlingsstrom, sodass sie beides als Erpressungsmittel nutzen können.

Der teuflische Tanz zwischen Erdoğan und Putin – erst Konflikt, dann Bündnis, dann wieder Konflikt – sollte uns nicht täuschen: Beide Extreme sind Teil desselben geopolitischen Spiels, das zulasten der syrischen Bevölkerung geht. Nicht nur, dass sich keine der beiden Seiten um das Leid der Menschen in Syrien kümmert, sie nutzen es sogar beide aktiv aus. Besonders auffällig ist dabei die Ähnlichkeit zwischen Putin und Erdoğan. Sie stehen mehr denn je für zwei Versionen desselben politischen Regimes, das von einer zusammengesetzten Figur geleitet wird, die wir Putogan nennen können.

Man sollte sich nicht an dem Spiel beteiligen, zu fragen, ob nun Erdoğan oder Putin die größere Verantwortung für die Krise trägt. Einer ist schlimmer als der andere, und beide sollten als das behandelt werden, was sie sind: Kriegsverbrecher, die das Leid von Millionen ausnutzen und ein Land zerstören, um ihre eigenen Ziele – darunter die Zerstörung eines vereinten Europas – rücksichtslos zu verfolgen. Zudem tun sie dies inmitten einer globalen Pandemie, also in einer Zeit, in der die globale Kooperation wichtiger ist denn je, und nutzen die dadurch ausgelöste Angst als ein Mittel, ihre eigenen militärischen Ziele zu verfolgen. Gäbe es auch nur den kleinsten Sinn für Gerechtigkeit in der Welt, befände sich ihr Platz nicht in Präsidentenpalästen, sondern am Internationalen Strafgerichtshof in Den Haag.

Wir können nun sehen, wie die Kombination von drei Stürmen den perfekten Sturm hervorruft: Eine neue, von der Türkei organisierte Flüchtlingswelle kann in Zeiten der Corona-Pandemie katastrophale Konsequenzen haben. Neben der grundlegenden Tatsache, dass die Pandemie uns das Bedürfnis nach globaler Kooperation deutlich bewusst gemacht hat, war es einer ihrer wenigen positiven Aspekte, dass sie weder Immigranten noch Flüchtlingen zu Last gelegt wurde – der Rassismus lag vor allem darin, dass der Ausganspunkt der Gefahr im orientalen Anderen verortet wurde. Doch wenn diese beiden Themen miteinander vermischt werden, wenn Flüchtlinge mit der Ausbreitung der Epidemie in Verbindung gebracht werden (unter den gegebenen Bedingungen in den überfüllten Camps, die die Flüchtlinge bewohnen, ist es natürlich wahrscheinlich, dass sich viele von ihnen mit dem Coronavirus infizieren werden), dann werden populistische Rassisten ihre Hochzeit erleben: Sie werden den Ausschluss von Ausländern mit „wissenschaftlichen", medizinischen Argumenten legitimieren können. Eine wohlwollende Politik, die den Zustrom von Flüchtlingen erlaubt, könnte leicht Panik und Angst auslösen. Ungarn könnte, wie Premierminister Viktor Orbán kürzlich in einer Rede behauptet hat, gewissermaßen zum Modell für ganz Europa werden.

Das erste Mittel, das nötig ist, um diese Katastrophe zu verhindern, ist etwas geradezu Unmögliches: die Stärkung der operativen Einheit Europas und insbesondere die Koordination von Frankreich und Deutschland. Auf Basis dieser Einheit sollte Europa dann *handeln*, um die Flüchtlingskrise in den Griff zu bekommen. Gregor Gysi, eine Schlüsselfigur der deutschen Partei Die Linke, gab einem fremdenfeindlichen Redner kürzlich eine gute Antwort, als dieser aggressiv darauf beharrte, dass wir uns für die Armut in Dritte-Welt-Ländern nicht verantwortlich fühlen müssten. Statt Geld dafür auszugeben, diesen Ländern zu helfen, so der Redner, sollten unsere

Staaten nur für das Wohlergehen ihrer eigenen Bürger verantwortlich sein. Die Kernaussage von Gysis Antwort bestand darin, dass die Armen aus der Dritten Welt keine andere Wahl haben werden als hierherzukommen, wenn wir in Europa die Verantwortung für sie nicht anerkennen und dementsprechend handeln – und das ist genau das, was das fremdenfeindliche Ressentiment heftig zurückweist. Obwohl es wichtig ist, Toleranz und Solidarität gegenüber den ankommenden Flüchtlingen zu betonen, ist diese Argumentationslinie für den Umgang mit den Flüchtlingsströmen wahrscheinlich effektiver als Appelle an abstrakte Menschenfreundlichkeit oder an Generosität und Schuldgefühl, die sich aus der unbestreitbaren Tatsache ergeben, dass die Ursache für viel Leid in der ärmeren Nation das Resultat des europäischen Rassismus und der Kolonialisierung ist. Solch eine Argumentationslinie, die die bestehende Ordnung mit einem menschlichen Antlitz bewahren möchte, ist ein verzweifelter Versuch, der wahrscheinlich nichts ändern wird. Heute ist viel mehr nötig.

Willkommen in der Wüste des Viralen

Die aktuelle Verbreitung der Corona-Pandemie hat auch eine enorme Pandemie ideologischer Viren verursacht, die bereits in unseren Gesellschaften verborgen lagen: Fake News, paranoide Verschwörungstheorien, Ausbrüche von Rassismus. Die wohlbegründete medizinische Notwendigkeit, sich in Quarantäne zu begeben, fand ihren Widerhall in einem ideologischen Druck, klare Grenzen zu schaffen und Feinde, die unsere Identität bedrohen, unter Quarantäne zu setzen.

Aber vielleicht wird sich auch ein weiteres und viel segensreicheres ideologisches Virus verbreiten und uns hoffentlich infizieren: das Virus, über eine alternative Gesellschaft nachzudenken, eine Gesellschaft jenseits von Nationalstaaten, eine Gesellschaft, die sich in Formen globaler Solidarität und Kooperation verwirklicht. Es wird oft spekuliert, dass das Coronavirus zum Zusammenbruch der kommunistischen Regierung Chinas führen und darin dem Ende des Sowjetkommunismus ähneln könnte, das, wie Gorbatschow selbst zugegeben hat, von der Tschernobyl-Katastrophe ausgelöst wurde. Hierin liegt jedoch ein Paradox: Das Coronavirus wird uns auch dazu nötigen, den Kommunismus auf Basis eines Vertrauens in die Menschen und in die Wissenschaft neu zu erfinden.

In der Schluss-Szene von Quentin Tarantinos *Kill Bill: Volume 2* schaltet Beatrix den bösen Bill mithilfe der „Fünf-Punkte-Pressur-Herzexplosions-Technik" aus, die der tödlichste Stoß der Martial Arts ist. Die Technik ist eine Kombination von fünf Schlägen, bei denen die Fingerspitzen auf fünf verschiedene Pressurpunkte auf dem Körper des Gegners treffen – sobald dieser sich fortbewegt und fünf Schritte tut, explodiert sein Herz in seinem Körper und er fällt zu Boden. Solch ein Angriff ist Teil der Martial Arts-Mythologie und im realen Nahkampf unmöglich. Im Film schließt Bill, nachdem Beatrix ihn auf diese Weise getroffen hat, ganz gefasst seinen Frieden mit ihr, tut fünf Schritte und stirbt.

Die Faszination, die von diesem Angriff ausgeht, liegt in der Dauer, die zwischen dem Stoß und dem Zeitpunkt des Todes vergeht: Solange ich in Ruhe sitzenbleibe, kann ich ein nettes Gespräch führen. Dabei ist mir jedoch bewusst, dass mein Herz explodieren wird, sobald ich loslaufe. Liegt die Vorstellung derer, die darauf spekulieren, dass das Coronavirus zum Sturz der kommunistischen Regierung in China führen wird, nicht genau darin, dass die Corona-Pandemie eine Art gesellschaftlicher „Fünf-Punkte-Pressur-Herzexplosions-Technik" gegen das kommunistische Regime Chinas ist? Die chinesische Führungsriege kann sitzen bleiben, das Geschehen beobachten und die üblichen Quarantänemaßnahmen durchlaufen. Doch jede wirkliche Veränderung der gesellschaftlichen Ordnung (wie etwa der Bevölkerung wirklich zu vertrauen) würde ihren Untergang bedeuten. Meine bescheidene Meinung ist viel radikaler: Die Corona-Pandemie ist eine gesellschaftliche „Fünf-Punkte-Pressur-Herzexplosions-Technik" gegen das System des globalen Kapitalismus – ein Signal, dass wir nicht in derselben Weise weitermachen können wie bisher, dass ein radikaler Wandel nötig ist.

Vor einigen Jahren hat Fredric Jameson auf das utopische Potential von Filmen hingewiesen, in denen kosmische Katastrophen (wie etwa ein Asteroid, der das Leben auf der Erde bedroht, oder ein Virus, das die Menschheit auslöscht) dargestellt werden. Solch eine universelle Bedrohung schafft globale Solidarität, unsere kleinen Unterschiede werden bedeutungslos, wir arbeiten alle zusammen an der Lösung – und genau an diesem Punkt befinden wir uns heute, im echten Leben. Das ist kein Aufruf dazu, das weitverbreitete Leid sadistisch zu genießen, solange es nur unserer Sache hilft – im Gegenteil, der Punkt ist, dass wir über die traurige Tatsache nachdenken müssen, dass wir eine Katastrophe brauchen, um die grundlegenden Eigenschaften der Gesellschaft, in der wir leben, zu überdenken.

Das erste vage Modell solch einer globalen Koordination ist die Weltgesundheitsorganisation (WHO), die uns nicht mit dem üblichen bürokratischen Geschwätz abfertigt, sondern ohne Panik präzise Warnungen ausruft. Solchen Organisationen sollte mehr Vollzugsgewalt verliehen werden. Der US-Präsidentschaftskandidat Bernie Sanders kassiert von Skeptikern Häme dafür, dass er sich für eine gesetzliche Krankheitsversicherung in den USA einsetzt. Aber liegt die Lehre der Corona-Pandemie nicht darin, dass noch viel mehr nötig ist, dass wir eine Art von *globalem* Netzwerk für Gesundheitsversorgung aufbauen sollten? Ein Tag nachdem der stellvertretende Gesundheitsminister des Iran, Iraj Harirchi, auf einer Pressekonferenz aufgetreten war, um die Verbreitung des Coronavirus herunterzuspielen und zu beteuern, dass Massenquarantänen nicht nötig seien, gab er eine Stellungnahme ab, in der er zugab, dass er sich mit dem Coronavirus angesteckt und in Isolation begeben habe (sogar während seines Fernsehauftritts hatte er Zeichen von Fieber und Schwäche gezeigt). Harirchi fügte hinzu: „Dieses Virus ist demokratisch, und es unterscheidet weder zwischen arm und reich noch zwischen Politikern und normalen Bürgern."[16] Damit hatte er vollkommen recht – wir sitzen alle im selben Boot. Man kann die unglaubliche Ironie darin nur schwer übersehen: Das, was uns alle verbunden und eine globale Solidarität erzeugt hat, kommt auf der Ebene des alltäglichen Lebens in der strengen Anordnung zum Ausdruck, den Kontakt mit anderen zu meiden und sich sogar selbst zu isolieren.

Außerdem haben wir es nicht nur mit Bedrohungen durch Viren zu tun – andere Katastrophen ziehen am Horizont herauf oder finden bereits statt: Dürren, Hitzewellen, tödliche Stürme, die Liste ist lang. In all diesen Fällen besteht die Lösung nicht darin, in Panik auszubrechen, sondern in der harten und akuten Arbeit an der Errichtung irgendeiner effizienten globalen Koordination.

Die erste Illusion, von der wir uns verabschieden müssen, wurde kürzlich von Donald Trump während seines Besuches in Indien in Umlauf gebracht: Die Pandemie werde bald wieder verschwinden, wir müssen nur warten, bis sie ihren Höhepunkt erreicht hat, und dann werde das Leben wieder zur Normalität zurückkehren. China bereitet sich bereits auf diesen Moment vor. Dort kündigten die Medien an, dass die Menschen nach dem Ende der Pandemie samstags und sonntags arbeiten müssten, um das Versäumte nachzuholen. Entgegen diesen allzu leichten Hoffnungen müssen wir akzeptieren, dass die Gefahr bleiben wird: Selbst, wenn diese Welle abebbt, wird sie wahrscheinlich in neuen und vielleicht noch gefährlicheren Formen wiederkehren. Die Tatsache, dass einige Patienten eine Infektion mit dem Coronavirus überstanden haben, für gesund erklärt wurden und sich dann erneut infiziert haben, ist ein unheilvolles Zeichen, das in diese Richtung deutet.

Aus diesem Grund können wir davon ausgehen, das Virus-Epidemien unsere elementarsten Interaktionen mit den Menschen und Objekten, die uns umgeben, ja sogar mit unseren eigenen Körpern beeinflussen werden. Die Anleitungen, wie damit umzugehen sei, werden sich häufen: Vermeide es, Dinge zu berühren, die (auf unsichtbare Weise) schmutzig sein könnten, halt dich nicht an Griffen fest, setz dich nicht auf öffentliche Toiletten oder auf Bänke im öffentlichen Raum, vermeide es, andere zu umarmen oder ihre Hände zu schütteln … und sei besonders vorsichtig, wenn es um die die Kontrolle deines eigenen Körpers und deiner spontanen Gesten geht: Fass dir nicht an die eigene Nase, reib nicht an deinen Augen – kurz: Spiel nicht an dir herum. Es sind demnach nicht nur der Staat und andere Organe, die versuchen werden, uns zu kontrollieren, wir sollen auch noch lernen, uns selbst zu kontrollieren und zu disziplinieren! Vielleicht wird einzig der virtuelle Raum als sicher gelten, während die freie Bewegung im öffentlichen Raum nur auf den Inseln der Megareichen möglich sein wird.[17]

Doch selbst hier, auf der Ebene der virtuellen Realität und des Internets, sollten wir uns daran erinnern, dass die Terme „Virus" und „viral" in den vergangenen Jahrzehnten vor allem genutzt wurden, um digitale Viren zu bezeichnen, die unseren Webspace infizieren und von denen wir nichts mitbekommen, jedenfalls nicht ehe sich ihre zerstörerische Kraft entfesselt (durch die etwa unsere Daten oder unsere Festplatte vernichtet werden). Wir können jetzt eine starke Rückkehr zur ursprünglichen, wörtlichen Bedeutung des Begriffs beobachten: Virale

Infektionen gehen in beiden Dimensionen, in der realen und in der virtuellen, Hand in Hand.

Ein weiteres verrücktes Phänomen, das wir beobachten können, ist die triumphale Rückkehr des kapitalistischen Animismus, der soziale Phänomene wie den Markt oder das Finanzkapital als lebende Entitäten behandelt. Wenn man sich unsere Medienkonglomerate anschaut, dann bekommt man den Eindruck, dass wir uns nicht um die Tausenden von Menschen kümmern sollten, die bereits gestorben sind oder noch sterben werden, sondern darum, dass „die Märkte in Panik ausbrechen" – das Coronavirus stört zunehmend das reibungslose Funktionieren des Weltmarkts. Zeigt all das nicht ganz deutlich, dass es dringend nötig ist, die Weltwirtschaft so umzugestalten, dass sie nicht länger von den Marktmechanismen abhängig ist? Dabei geht es selbstverständlich nicht um einen Kommunismus alten Typs, sondern um irgendeine Form globaler Organisation, die in der Lage ist, sowohl die Wirtschaft zu kontrollieren und zu regulieren als auch, wenn nötig, die Souveränität der Nationalstaaten zu beschränken. Die Staaten waren dazu während Kriegszeiten in der Lage, und gerade nähern wir uns gewissermaßen einem medizinischen Kriegszustand.

Wir sollten nicht davor zurückschrecken, einige potenziell günstige Nebeneffekte der Pandemie zu benennen. Ein einprägsames Symbol der Pandemie sind die in Quarantäne feststeckenden Passagiere großer Kreuzfahrtschiffe. Aus meiner Sicht könnten wir gut auf diese schwimmenden Obszönitäten verzichten. Wir müssen jedoch aufpassen, dass Reisen auf einsame Inseln oder andere exklusive Urlaubsorte nicht erneut zu einem Privileg werden, das ausschließlich den wenigen Reichen vorbehalten ist, wie es noch vor einigen Jahrzehnten mit dem Fliegen war. Vergnügungsparks verwandeln sich in Geisterstädte – perfekt, ich könnte mir keinen langweiligeren und stumpfsinnigeren Ort als Disneyland vorstellen. Die Autoherstellung ist ernsthaft betroffen – gut, das könnte uns dazu treiben, über eine Alternative zu unserer Obsession mit individuellen Verkehrsmitteln nachzudenken. Diese Liste kann beliebig fortgesetzt werden.

Viktor Orbán sagte kürzlich in einer Rede: „Es gibt keine Liberalen. Ein Liberaler ist nichts anderes als ein Kommunist mit einem Diplom."[18] Was, wenn das Gegenteil der Fall ist? Wenn wir diejenigen als „Liberale" bezeichnen, die sich um unsere Freiheiten sorgen, und diejenigen als „Kommunisten", die wissen, dass diese Freiheiten nur durch radikale Veränderungen gerettet werden können, da der globale Kapitalismus sich auf eine Krise zubewegt? Dann sollten wir einräumen, dass heute diejenigen, die sich immer noch als Kommunisten verstehen, Liberale mit einem Diplom sind – Liberale, die ernsthaft erforscht haben, warum unsere liberalen Werte bedroht sind, und die bemerkt haben, dass nur eine radikale Veränderung sie retten kann.

Die fünf Phasen der Pandemie

Vielleicht können wir von Elisabeth Kübler-Ross etwas über unsere Reaktionen auf die Corona-Pandemie lernen. In ihren *Interviews mit Sterbenden* hat sie das berühmte Schema der fünf Phasen entworfen, das beschreibt, wie wir auf die Nachricht reagieren, dass wir an einer tödlichen Krankheit leiden: *Leugnung* (man kann die Tatsache einfach nicht hinnehmen: „Das kann nicht sein, das kann mir nicht zustoßen."); *Zorn* (der ausbricht, wenn man die Tatsache nicht länger leugnen kann: „Wie kann das gerade mir zustoßen?"); *Verhandeln* (die Hoffnung, dass wir die Sache irgendwie aufschieben oder dämpfen können: „Lass mich wenigstens noch den Schulabschluss meiner Kinder miterleben."); *Depression* (Abzug der Libido: „Ich werde sterben, warum sollte ich mich noch um irgendetwas kümmern?"); *Akzeptanz* („Ich kann nicht dagegen ankämpfen, also kann ich mich ebenso gut darauf vorbereiten."). Später hat Kübler-Ross diese Phasen auf jegliche Form katastrophalen persönlichen Verlustes übertragen (Arbeitslosigkeit, Tod einer geliebten Person, Scheidung, Substanzabhängigkeit). Dabei hat sie betont, dass sie nicht unbedingt in einer bestimmten Reihenfolge auftreten und dass nicht alle Patienten alle fünf Phasen durchlaufen.

Dieselben fünf Phasen kann man auch beobachten, wenn eine Gesellschaft mit einem traumatischen Bruch konfrontiert ist. Denken wir nur an die Bedrohung durch die Klimakatastrophe: Zunächst neigen wir dazu, sie zu leugnen („Das ist paranoid, das sind ganz gewöhnliche Schwankungen des Wettergeschehens."); dann tritt Zorn auf (der sich gegen die Großkonzerne richtet, die unsere Umwelt verschmutzen, und gegen die Regierung, die diese Gefahren ignoriert); darauf folgt das Verhandeln („Wenn wir unseren Abfall recyceln, können wir uns etwas Zeit erkaufen; außerdem hat es auch etwas Gutes: Wir können auf Grönland Pflanzen anbauen, Schiffe können die Güter zwischen China und den USA viel schneller über die neue nördliche Passage transportieren, und in Sibirien wird wegen des schmelzenden Permafrosts neues fruchtbares Land erschließbar ..."); Depression („Es ist schon zu spät, wir sind verloren ..."); und schließlich Akzeptanz: „Wir haben es mit einer ernsten Bedrohung zu tun, und wir müssen unsere Lebensart vollkommen verändern!"

Das Gleiche gilt für die wachsende Bedrohung durch die digitale Kontrolle über unser Leben: Zunächst neigen wir dazu, sie zu leugnen („Das ist übertrieben und nur eine linke Paranoia, keine Behörde kann unsere täglichen Aktivitäten kontrollieren."); dann brechen wir in Wut aus (der sich gegen die Großkonzerne und gegen die geheimen staatlichen Behörden richtet, die uns besser kennen als wir uns selbst und die dieses Wissen nutzen, um uns zu kontrollieren und zu manipulieren); dann verhandeln wir („Die Behörden haben das Recht, nach Terroristen zu suchen, aber nicht, in unsere Privatsphäre einzudringen ..."); gefolgt von Depression („Es ist zu spät, unsere Privatsphäre ist verloren, die Zeiten persönlicher Freiheit sind vorbei."); und schließlich erfolgt die Akzeptanz („Die digitale Überwachung ist eine

Bedrohung unserer Freiheit, wir sollten die Öffentlichkeit über all ihre Dimensionen in Kenntnis setzen und uns selbst dafür einsetzen, sie zu bekämpfen!").

Im Mittelalter reagierte die Bevölkerung einer betroffenen Stadt ganz ähnlich auf die Anzeichen der Pest: Zunächst wurde sie geleugnet; dann geriet die Bevölkerung in Zorn auf ihr sündiges Leben, für das sie bestraft wird, oder auf den grausamen Gott, der die Pest zulässt; dann folgten die Verhandlungen („Es ist nicht so schlimm, meiden wir einfach die Kranken …"); dann kam es zur Depression („Unser Leben ist zu Ende …"); dann, interessanterweise, zu Orgien („Da unser Leben zu Ende ist, sollten wir wenigstens alle Genüsse, die wir uns noch verschaffen können, auskosten, indem wir so viel trinken und vögeln wie möglich."); und schließlich zu Akzeptanz („So ist es eben, lasst uns einfach so tun, als würde das Leben normal weitergehen …").

Verhalten wir uns im Umgang mit der Corona-Pandemie, die Ende 2019 ausgebrochen ist, nicht genauso? Zunächst wurde sie geleugnet („Das ist nichts Ernstes, einige unverantwortliche Individuen verbreiten Panik."); dann kam die Phase des Zorns (der sich gewöhnlich in rassistischer oder staatsfeindlicher Form äußerte: „Die Chinesen sind Schuld, unser Staat ist nicht effizient …"); daraufhin kommt es zu Verhandlungen („In Ordnung, es gibt einige Opfer, aber es ist nicht so ernst wie SARS, und wir können den Schaden begrenzen …"); wenn das nicht funktioniert, tritt die Depression ein („Machen wir uns nichts vor, wir sind alle verloren.") … aber wie wird die letzte Phase, die Akzeptanz, aussehen? Es ist eigenartig, dass es zwischen dieser Pandemie und der letzten Periode gesellschaftlicher Proteste etwa in Frankreich oder Hong Kong eine auffällige Gemeinsamkeit gibt. Sie brechen nicht aus und verschwinden dann wieder, sondern dauern an und tragen permanente Angst und Zerbrechlichkeit in unser Leben.

Wir müssen akzeptieren und uns damit abfinden, dass es im Leben etwas Untergründiges gibt, nämlich das untote, sich blind widerholende, präsexuelle Leben der Viren, das es schon immer gab und das uns immer als düsterer Schatten begleiten wird, das unser Überleben bedroht und ausbricht, wenn wir es am wenigsten erwarten. Auf einer allgemeineren Ebene kann man sagen, dass die Virus-Epidemien uns daran erinnern, dass unser Leben letzten Endes kontingent und bedeutungslos ist: Ganz egal, was für großartige Gedankengebäude wir als Menschheit errichten, eine stumpfe und natürliche Kontingenz wie ein Virus oder ein Asteroid können all dem ein Ende setzen ... um nicht von der ökologischen Lehre zu sprechen, die lautet, dass wir als Menschheit unwissentlich zu diesem Ende beitragen können.

Das Virus der Ideologie

Selbst für einen Laien wie mich, der sich in Statistik nicht auskennt, hat die Corona-Pandemie eine interessante Frage aufgeworfen: Wo enden die Daten, und wo beginnt die Ideologie?

Darin liegt ein Paradox begraben: Je stärker sich unsere Welt vernetzt, desto eher kann ein lokales Unheil Angst oder sogar eine Katastrophe auf globaler Ebene auslösen. Im Frühjahr 2010 brachte die Staubwolke eines kleinen Vulkanausbruchs auf Island – eine winzige Störung im komplexen Lebensmechanismus der Erde – den Flugverkehr über einem Großteil von Europa zum Stillstand. Das führte eindringlich vor Augen, dass die Menschheit trotz all ihrer enormen Bemühungen, die Natur zu transformieren, bloß eine unter vielen lebenden Spezies auf dem Planeten Erde bleibt. Die katastrophale sozioökonomische Auswirkung solch eines kleinen Ausbruchs lässt sich auf die Zerbrechlichkeit unserer technologischen Entwicklung – in diesem Fall des Flugverkehrs – zurückführen. Noch vor einem Jahrhundert wäre solch ein Ausbruch unbemerkt an uns vorübergezogen. Einerseits macht uns die technologische Entwicklung unabhängiger von der Natur, zugleich macht sie uns auf einer anderen Ebene aber noch mehr von ihren Launen abhängig. Das Gleiche gilt für die Verbreitung des Corona-Virus: Hätte sie vor Deng Xiaopings Reformen stattgefunden, hätten wir davon nicht einmal gehört.

Eines ist klar: Isolation, die Konstruktion neuer Mauern und weitere Quarantänen allein werden das Problem nicht lösen. Wir brauchen vollständige und unbedingte Solidarität sowie eine auf globaler Ebene koordinierte Reaktion – eine neue Form dessen, was einst Kommunismus hieß. Wenn wir unsere Anstrengungen nicht in diese Richtung lenken, dann könnte das Wuhan von heute die typische Stadt von morgen werden. Viele Dystopien haben bereits das Bild einer ähnlichen Zukunft gezeichnet: Wir bleiben daheim, arbeiten an unseren Computern, kommunizieren über Videokonferenzen, treiben Sport auf Maschinen, die in der Ecke unseres Home-Offices stehen, ab und an masturbieren wir vor einem Bildschirm, auf dem Hardcore-Sex dargestellt wird, und bekommen unser Essen geliefert, ohne je ein anderes menschliches Wesen zu Gesicht zu bekommen.

In diesem Alptraumszenario verbirgt sich jedoch eine unvermutete emanzipatorische Perspektive. Ich muss gestehen, dass ich mich dieser Tage dabei ertappt habe, davon zu träumen, nach Wuhan zu reisen. Die verlassenen Straßen einer Riesenstadt: Die sonst so hektischen urbanen Zentren sehen aus wie Geisterstädte, die Geschäfte haben zwar geöffnet, aber ohne, dass sich Kunden in ihnen befinden; hier und da ist ein vereinzelter Fußgänger oder ein einzelnes Auto zu sehen. All das zeigt uns, wie eine Welt ohne Konsumgesellschaft aussehen könnte. Die melancholische Schönheit der leeren Straßen Shanghais oder Hong Kongs erinnert mich an einige alte postapokalyptische Filme wie *Das letzte Ufer* (1959). Darin wird eine Stadt gezeigt, deren Bevölkerung größtenteils ausgelöscht wurde – keine große und spektakuläre Katastrophe, sondern einfach das Abgeschnittensein von einer Außenwelt, die nicht mehr auf uns wartet, uns nicht mehr beobachtet und nicht mehr auf uns aufpasst. Sogar die weißen Masken, die von den wenigen herumlaufenden Menschen getragen werden, sorgen für eine willkommene Anonymität und befreien von dem sozialen Druck, einander Beachtung schenken zu müssen.

Viele von uns erinnern sich noch an den berühmten Schluss des Manifests der Situationistischen Internationale, das 1966 von Studierenden veröffentlicht wurde: *Vivre sans temps mort, jouir sans entraves* (Leben ohne tote Zeit, Genießen ohne Hemmungen). Wenn wir irgendetwas von Freud und Lacan gelernt haben, dann, dass diese Formel ein klarer Fall einer Forderung des Über-Ichs ist (da, wie Lacan treffend gezeigt hat, das Über-Ich im Grunde positiv dazu auffordert zu genießen, statt negativ zu verbieten). Darin ist eine Katastrophe vorprogrammiert: Der Drang, jeden Moment der Zeit, die uns gegeben ist, mit intensiver Beschäftigung zu füllen, wird unweigerlich zu einer erdrückenden Monotonie führen. Tote Zeit – Momente des Rückzugs und dessen, was die alten Mystiker Gelassenheit [*19] nannten – ist für die Revitalisierung unserer Lebenserfahrung entscheidend. Man kann nur hoffen, dass eine der unbeabsichtigten Folgen der Coronavirus-Quarantänen darin bestehen wird, dass wenigstens einige Menschen in Städten auf der ganzen Welt die Zeit, in der sie von hektischer Geschäftigkeit entbunden sind, nutzen, um über die Bedeutung(slosigkeit) ihrer Zwangslage nachzudenken.

Ich bin mir der Gefahr, mit der ich hier spiele, indem ich diese Überlegungen veröffentliche, vollkommen bewusst. Projiziere ich nicht auch, wie es schon oft zuvor geschehen ist, aus meiner (gerade noch) sicheren Außenperspektive eine tiefe und authentische Einsicht in die leidenden Opfer und legitimiere so auf zynische Weise ihr Leiden? Wenn die Bürger von Wuhan maskiert herumlaufen, um Medizin und Essen zu suchen, dann haben sie gewiss keine Anti-Konsum-Gedanken, sondern empfinden bloß Panik, Wut und Angst. Mein Appell lautet lediglich, dass selbst schreckliche Ereignisse unerwartete positive Folgen haben können.

Carlo Ginzburg hat eine Deutung vorgeschlagen, der zufolge die Scham und nicht die Liebe zum eigenen Land das wahre Zeichen der Zugehörigkeit zu diesem Land ist. Vielleicht können einige Israelis in Zeiten der Isolation und der erzwungenen Stille den Mut fassen, sich für die Politik zu schämen, die in ihrem Namen von Netanyahu und Trump ausgeübt wird – natürlich nicht im Sinne einer Scham für ihr Judentum, sondern vielmehr dafür, was die israelische Politik in der West Bank dem wertvollen Erbe des Judentums antut. Vielleicht werden auch einige Briten den Mut fassen, sich dafür zu schämen, dass sie auf den ideologischen Traum hereingefallen sind, der ihnen den Brexit gebracht hat. Aber die Menschen, die sich in Wuhan und überall sonst auf der Welt in Isolation befinden, müssen sich jetzt nicht schämen und stigmatisiert fühlen, sondern Mut fassen und geduldig ihren Kampf weiterführen. Die einzigen, die sich in China wirklich schämen sollten, sind diejenigen, die die Epidemie öffentlich heruntergespielt und währenddessen übertriebene Maßnahmen zu ihrem eigenen Schutz ergriffen haben. Indem sie dies taten, haben sie wie die Sowjet-Funktionäre in Tschernobyl gehandelt, die öffentlich behaupteten, dass keine Gefahr bestünde, während sie ihre eigenen Familien unverzüglich evakuiert haben, oder wie die höher gestellten Manager, die öffentlich die Erderwärmung leugnen, aber jetzt schon Häuser in Neuseeland kaufen oder Schutzbunker in den Rocky Mountains bauen. Vielleicht wird der öffentliche Aufschrei gegen solche Doppelstandards – der die Behörden schon jetzt dazu bewegt, mehr Transparenz zu versprechen – dazu führen, dass diese Krise einen unbeabsichtigten positiven Nebeneffekt hat.

54

Beruhigen Sie sich,
und geraten Sie in Panik!

Unsere Medien wiederholen unablässig dieselbe Formel: „Keine Panik!" Doch dann erhalten wir Daten, die zwangsläufig Panik auslösen müssen. Diese Situation erinnert mich an eine ähnliche aus meiner Jugend, die ich in einem kommunistischen Land verbracht habe. Dort versicherten Regierungsvertreter der Bevölkerung regelmäßig, dass es keinen Grund zur Panik gebe. Für uns waren solche Versicherungen ein deutliches Zeichen dafür, dass sie selbst in Panik gerieten.

Panik hat ihre eigene Logik. Die Tatsache, dass aufgrund der Coronavirus-Panik das Toilettenpapier im Vereinigten Königreich aus den Läden verschwand, erinnert mich an einen eigenartigen Vorfall aus meiner Jugend im sozialistischen Jugoslawien. Ganz plötzlich begann das Gerücht zu zirkulieren, dass nicht genügend Toilettenpapier vorhanden sei. Die Behörden versicherten schnell, dass es sehr wohl genug Toilettenpapier für den gewöhnlichen Verbrauch gebe. Überraschenderweise stimmte das nicht nur, die meisten Leute glaubten es auch. Dennoch zog der gewöhnliche Verbraucher folgenden Schluss: „Ich weiß, dass es genug Toilettenpapier gibt und dass am Gerücht nichts dran ist. Aber was, wenn einige Menschen das Gerücht ernst nehmen und vor lauter Panik anfangen, überschüssige Toilettenpapierreserven anzulegen und so tatsächlich einen Mangel verursachen? Ich sollte also selbst Reserven kaufen." Es ist nicht einmal nötig, dass einige das Gerücht ernst nehmen – es genügt davon auszugehen, dass einige glauben, dass es Menschen gibt, die es ernst nehmen. Der Effekt ist derselbe, nämlich ein realer Mangel an Toilettenpapier in den Läden. Passiert heute im Vereinigten Königreich und in Kalifornien nicht etwas Ähnliches?

Das eigenartige Gegenstück zu dieser übertriebenen Angst ist die Abwesenheit von Panik gerade dann, wenn sie vollkommen angebracht gewesen wäre. In den vergangenen Jahren – nach der SARS-Pandemie und nach der Ebola-Epidemie – wurde uns immer wieder gesagt, dass es nur eine Frage der Zeit sei, bevor eine neue und wesentlich stärkere Epidemie ausbrechen würde, dass die Frage nicht laute, *ob*, sondern *wann*. Obwohl wir von der Wahrheit dieser düsteren Vorhersagen überzeugt waren, nahmen wir sie aus irgendeinem Grund nicht ernst und waren unwillig, zu handeln und ernste Vorkehrungen zu treffen – der einzige Ort, an dem wir uns mit ihnen auseinandersetzten, waren Endzeitfilme wie *Contagion*.

Dieser Kontrast lehrt uns, dass Panik nicht die angemessene Reaktion auf eine reale Bedrohung ist. Wenn wir panisch reagieren, dann nehmen wir die Bedrohung nicht ernst – im Gegenteil, wir spielen sie herunter. Bedenken Sie nur, wie lächerlich die Vorstellung ist, dass es inmitten einer tödlichen Pandemie wichtig sei, genug Toilettenpapier zu haben. Was wäre demzufolge eine angemessene Reaktion auf die Corona-Pandemie? Was sollten wir lernen, und was sollten wir tun, um sie ernst zu nehmen?

Als ich behauptet habe, dass die Corona-Pandemie dem Kommunismus neues Leben einhauchen könnte, wurde meine Behauptung erwartungsgemäß verspottet. Obwohl es scheint, als hätte das konsequente Vorgehen

56

des chinesischen Staats während der Krise gewirkt – oder immerhin sehr viel besser gewirkt als das, was derzeit in Italien vor sich geht –, stößt die alte autoritäre Logik der Kommunisten, die derzeit an der Macht sind, an ihre Grenzen. Da gab es beispielsweise die Furcht, den Mächtigen (und der Öffentlichkeit) schlechte Nachrichten zu überbringen, die die tatsächlichen Erfolge in den Schatten stellen könnten – daher wurden diejenigen verhaftet, die zuerst über ein neues Virus berichteten, und jetzt, da die Pandemie abflaut, erreichen uns Berichte über ein ähnliches Phänomen.

Der Druck, China nach dem Shutdown durch das Coronavirus wieder in Gang zu bringen, lässt alte Verführungen hochkochen: Daten werden manipuliert, damit hochrangige Beamte sehen, was sie sehen wollen. Dieses Phänomen taucht beispielsweise in Form des Stromverbrauchs in der Zheijian-Provinz auf, einem Industriezentrum an der Ostküste. Mindestens drei Städte, so berichten Insider, haben den örtlichen Fabriken Zielvorgaben für den Stromverbrauch gemacht, weil sie diese Daten nutzen, um eine Wiederaufnahme der Produktion vorzutäuschen. Jenen Insidern zufolge haben einige Betriebe daher ihre Anlagen laufen lassen, obwohl ihre Fabriken leer blieben.[20]

Es ist leicht zu erraten, was passieren wird, wenn die Mächtigen Wind von diesem Betrug bekommen: Man wird den Managern vor Ort Sabotage vorwerfen, sie streng bestrafen und so den Teufelskreis des Misstrauens reproduzieren. Es bräuchte einen chinesischen Julian Assange, der entlarvt, wie China seine Reaktion auf die Epidemie verschleiert hat. Doch wenn *das* nicht der Kommunismus ist, an den ich denke, was meine ich dann mit Kommunismus? Um das zu verstehen, muss man nur die öffentlichen Erklärungen der WHO lesen. Etwa diese, die kürzlich veröffentlicht wurde:

Am Dienstag hat der Chef der WHO, Dr. Tedros Adhanom Ghebreyesus, mitgeteilt, dass die Organisation besorgt darüber sei, dass die von manchen Ländern ergriffenen politischen Maßnahmen der realen Gefahrenlage nicht angemessen sind – obwohl die Gesundheitssysteme rund um die Welt die Mittel besitzen, eine Ausbreitung des Virus erfolgreich zu bekämpfen. „Dies ist kein Drill. Es ist nicht an der Zeit, aufzugeben. Es ist nicht an der Zeit, sich Ausreden zu suchen. Es ist an der Zeit, alle Hebel in Bewegung zu setzen. Die Staaten haben sich auf Szenarien wie dieses jahrzehntelang vorbereitet. Nun ist es an der Zeit, diese Pläne auszuführen", so Tedros. „Diese Epidemie kann zurückgedrängt werden. Allerdings geht das nur durch einen kollektiven, koordinierten und großangelegten Ansatz, der die gesamte Staatsmaschinerie in Bewegung versetzt."[21]

Man könnte hinzufügen, dass so ein großangelegter Ansatz über die Maschinerie einzelner Staaten hinausgehen sollte: Auf lokaler Ebene bedeutet das die Mobilisierung von Menschen, die sich staatlicher Kontrolle entziehen, und auf internationaler Ebene eine starke, effiziente Koordination und Kontrolle. Wenn Tausende mit Atemproblemen im Krankenhaus landen, wird eine wesentlich höhere Zahl von Beatmungsgeräten erforderlich sein. Um diese zu bekommen, sollte der Staat direkt eingreifen, so wie er auch in Kriegszeiten eingreift, wenn tausende Waffen benötigt werden. Er sollte außerdem versuchen, mit anderen Staaten zu kooperieren. Genau wie bei einem Militäreinsatz sollten Informationen geteilt und Pläne vollständig koordiniert werden. Das ist alles, was ich mit dem „Kommunismus" meine, den wir heute brauchen. Oder wie Will Hutton es ausgedrückt hat:

Gerade stirbt eine Form unregulierter Globalisierung ab, die auf Freihandel basiert und eine Neigung zu Krisen und Pandemien hat. Aber eine andere Form ist im Entstehen begriffen, die unsere Abhängigkeit voneinander sowie das Primat der evidenzbasierten kollektiven Handlung anerkennt.

Bislang herrscht eine „Jeder Staat für sich allein"-Einstellung vor:

Es gibt nationale Exportverbote auf Schlüsselprodukte wie medizinisches Bedarfsmaterial. Inmitten lokaler Engpässe und willkürlicher, primitiver Versuche, die Pandemie einzudämmen, greifen die Staaten auf ihre eigenen Analysen der Krise zurück.[22]

Die Corona-Pandemie zeigt nicht nur die Grenzen der Globalisierung des Marktes auf, sondern auch die noch viel tödlicheren Grenzen des nationalistischen Populismus, der auf eine vollkommene Staatssouveränität pocht. Es ist aus mit „America (oder wer auch immer) first!" – denn Amerika kann nur durch eine globale Koordination und Kollaboration gerettet werden. Was das betrifft, bin ich kein Utopist. Ich appelliere nicht an eine idealisierte Form von Solidarität zwischen den Menschen – ganz im Gegenteil, die gegenwärtige Krise zeigt sehr deutlich, dass globale Solidarität und Kooperation im Interesse unser aller Überleben ist und dass sie die einzig vernünftige egoistische Handlungsmöglichkeit darstellt. Das betrifft außerdem nicht nur das Coronavirus: Vor einigen Monaten litt China unter einer gigantischen Schweinegrippe, und jetzt droht eine Heuschrecken-Plage. Außerdem tötet die Klimakrise, wie Owen Jones bemerkt hat, weltweit viel mehr Menschen als das Coronavirus – ohne Panik auszulösen.[23]

Von einem zynischen und vitalistischen Standpunkt aus könnte man versucht sein, das Coronavirus als eine nützliche Infektion anzusehen, die es der Menschheit erlaubt, sich ihrer Alten, Schwachen und Kranken zu entledigen und so zur globalen Gesundheit beizutragen, ganz so als würde man halb vergammeltes Unkraut aus dem Boden reißen, damit gesündere Pflanzen gedeihen können. Der breite, kommunistische Ansatz, den ich vertrete, ist der einzige Weg, einen solch primitiven Standpunkt aufzugeben. In den Debatten, die derzeit geführt werden, kann man bereits Zeichen wahrnehmen, dass die unbedingte Solidarität eingeschränkt werden soll. Über die Rolle, die die „drei Weisen" spielen sollen, falls die Pandemie im Vereinten Königreich eine katastrophale Wende nehmen sollte, berichtet etwa folgender Kommentar:

Chefärzte haben davor gewarnt, dass Kassenpatienten während eines schweren Coronavirus-Ausbruchs der Zugang zu lebensrettenden Maßnahmen verwehrt werden könnte, wenn die Notaufnahmen Probleme damit haben, die Lage zu meistern. Im Falle einer Überlastung der Krankenhäuser wären, unter Anwendung des sogenannten „Three Wise Men"-Protokolls, in jedem Krankenhaus drei Chefärzte dazu gezwungen, über die Rationierung der Versorgung (etwa mit Beatmungsgeräten oder Betten) zu entscheiden.[24]

Welche Kriterien werden die „drei Weisen" anwenden? Werden die Schwachen und Ältesten geopfert? Und wird diese Situation nicht die Möglichkeit einer gewaltigen Korruption eröffnen? Deuten solche Maßnahmen nicht an, dass wir im Begriff sind, die Logik des *Survival of the Fittest* auf brutalste Art und Weise anzuwenden? Die Wahl, vor der wir stehen, ist also folgende: Barbarei oder irgendeine Form von neu erfundenem Kommunismus.

Überwachen und Strafen?
Auf jeden Fall!

Viele liberale und linke Kommentatoren haben angemerkt, dass die Corona-Pandemie genutzt wurde, um Maßnahmen zur Kontrolle und Regulierung der Bevölkerung zu rechtfertigen und zu legitimieren, die in westlichen Demokratien bislang undenkbar waren. Jedenfalls wurden mit dem Lockdown von ganz Italien die kühnsten Träume von Totalitaristen wahr. Kein Wunder, dass sich beim derzeitigen Stand der Dinge herausgestellt hat, dass China dank seiner weitverbreiteten digitalen Überwachung der Gesellschaft bestens gerüstet ist, mit der katastrophalen Pandemie umzugehen. Heißt das, dass China wenigstens in mancherlei Hinsicht unsere Zukunft ist?

Der italienische Philosoph Giorgio Agamben hat in einer Weise auf die Corona-Pandemie reagiert, die sich radikal von der Meinung der meisten Kommentatoren unterscheidet.[25] Agamben hat die „hektischen, irrationalen und völlig ungerechtfertigten Notfallmaßnahmen" scharf verurteilt, „die als Reaktion auf eine angebliche Corona-Pandemie erlassen wurden", die lediglich eine weitere Variante der Grippe sei. Und er stellte folgende Frage: „Warum tun die Medien und Behörden alles, um ein Klima der Panik zu schaffen und so einen echten Ausnahmezustand hervorzurufen, der für gesamte Regionen starke Bewegungseinschränkungen sowie eine Aussetzung des Alltagslebens und der Arbeit bedeutet?"

Agamben hält die „wachsende Tendenz, den Ausnahmezustand als normales Regierungsparadigma zu nutzen", für den wesentlichen Grund dieser „unverhältnismäßigen Reaktion". Die Maßnahmen, die im Ausnahmezustand verhängt werden, erlauben es der Regierung, unsere Freiheiten per Dekret stark einzuschränken:

Es ist absolut offensichtlich, dass diese Einschränkungen in keinem Verhältnis zu der Bedrohung stehen, die dem NRC [das National Research Council Italiens, S. Ž.] zufolge nichts als eine gewöhnliche Grippe ist und sich nicht von dem unterscheidet, was wir Jahr für Jahr erleben. Man könnte die Behauptung aufstellen, dass – nachdem der Terrorismus als Begründung für Ausnahmemaßnahmen ausgedient hat – die Erfindung einer Epidemie einen idealen Vorwand bieten kann, um diese Maßnahmen unbegrenzt auszudehnen.

Als zweiten Grund gibt Agamben den „Angstzustand" an, „der sich in den vergangenen Jahren im Bewusstsein der Individuen verbreitet hat und sich als ein reales Bedürfnis nach Zuständen kollektiver Panik ausdrückt, für die die Epidemie wieder einmal einen perfekten Vorwand liefert."
Agamben beschreibt hier einen wichtigen Aspekt der Funktionsweise staatlicher Kontrolle in der aktuellen Pandemie. Doch einige Fragen bleiben offen: Warum sollte die Staatsmacht daran interessiert sein, eine Panik zu fördern, die mit einem Misstrauen gegenüber der Staatsmacht einhergeht („Sie sind hilflos, sie tun nicht genug …") und die die reibungslose Reproduktion des Kapitals stört? Ist es wirklich im Interesse des Kapitals und der Staatsmacht, eine globale Wirtschaftskrise auszulösen, um die eigene Herrschaft zu erneuern? Sind die klaren Anzeichen dafür, dass nicht nur die gewöhnlichen Leute, sondern auch die Staatsmacht in Panik geraten und sich bewusst ist, dass sie die Situation nicht kontrollieren kann, wirklich nur eine List?

Agambens Reaktion ist lediglich eine extreme Form einer unter Linken weit verbreiteten Haltung. Diese deutet die „übertriebene Panik", die durch das Virus ausgelöst wurde, als ein Gemisch, in dem sich die Ausübung sozialer Kontrolle mit unverblümt rassistischen Elementen verbindet (wie etwa wenn Trump vom „chinesischen Virus" spricht). Solch eine gesellschaftliche Deutung bringt die reale Gefahr jedoch nicht zum Verschwinden. Zwingt diese Realität uns dazu, unsere Freiheiten tatsächlich einzuschränken? Selbstverständlich begrenzen Quarantänen und ähnliche Maßnahmen unsere Freiheit. Neue Aktivisten müssen in die Fußstapfen von Chelsea Manning, Julian Assange und Edward Snowden treten, um ihren möglichen Missbrauch zu enthüllen. Die Gefahr einer Virus-Infektion hat allerdings auch die Entstehung neuer Formen lokaler und globaler Solidarität gefördert und uns noch klarer vor Augen geführt, dass die Macht selbst kontrolliert werden muss. Die Menschen haben recht, wenn sie die Staatsmacht in die Verantwortung ziehen: Ihr habt die Macht, jetzt zeigt uns, was ihr drauf habt! Europa steht vor der Aufgabe zu zeigen, dass es das, was China getan hat, transparenter und demokratischer tun kann:

China hat Maßnahmen umgesetzt, die Westeuropa und die USA – vielleicht sogar zum eigenen Nachteil – wahrscheinlich nicht tolerieren werden. Um es ganz klar zu sagen: Es ist ein Fehler, alle Formen von Erfassung und Modellberechnungen als „Überwachung" und eine aktive Regierung als „soziale Kontrolle" zu deuten. Wir brauchen ein anderes und nuancierteres Vokabular für Interventionen.[26]

Alles hängt von diesem „nuancierteren Vokabular" ab: Die von der Pandemie erforderlich gemachten Maßnahmen sollten nicht automatisch auf das übliche Paradigma von Überwachung und Kontrolle reduziert werden, das von Theoretikern wie Foucault verbreitet wurde. Mehr als die Maßnahmen, die in China und Italien umgesetzt wurden, fürchte ich heute, dass diese Maßnahmen aus irgendeinem Grund nicht funktionieren, dass sie die Pandemie nicht eindämmen werden und dass die Behörden die echten Daten manipulieren und verschleiern könnten.

Sowohl die Neue Rechte als auch die falsche Linke weigern sich, das volle Ausmaß der Pandemie anzuerkennen. Beide verharmlosen die Pandemie, indem sie eine gesellschaftlich-konstruktivistische Reduktion vollziehen, das heißt, indem sie die Pandemie wegen ihrer gesellschaftlichen Bedeutung verurteilen. Trump und seine Mitstreiter haben wiederholt darauf beharrt, dass die Pandemie ein Komplott der Demokraten und Chinas sei, das seine Wiederwahl verhindern soll. Gleichzeitig verurteilen Linke die von Staat und Gesundheitswesen ergriffenen Maßnahmen, weil diese von Fremdenhass durchtränkt seien, weswegen sie darauf beharren, weiterhin sozial zu interagieren, was dadurch symbolisiert wird, dass sie einander immer noch die Hände schütteln. Eine solche Haltung übersieht ein Paradox: Einander nicht die Hände zu schütteln und sich zu isolieren, wenn es nötig ist, *ist* die heutige Form von Solidarität.

Wer kann es sich in Zukunft noch leisten, sich die Hände zu schütteln und zu umarmen? Selbstverständlich die wenigen Privilegierten. Boccaccios *Dekameron* ist eine Sammlung von Geschichten, die von einer Gruppe bestehend aus sieben jungen Frauen und drei jungen Männern erzählt werden. Diese haben sich in eine abgeschottete Villa außerhalb von Florenz zurückgezogen, um der Pest zu entfliehen, die ihre Stadt befallen hat. In

64

ähnlicher Weise wird sich die Finanzelite in abgeschottete Zonen zurückziehen, wo sie sich im Stile des *Dekameron* damit unterhalten wird, Geschichten zu erzählen, während wir – die normalen Menschen – mit den Viren leben müssen.

Was ich besonders nervig finde, ist, dass unsere Medien und andere mächtige Institutionen, regelmäßig eine zeitliche Begrenzung hinzufügen, wenn sie bekanntgeben, dass etwas geschlossen oder abgesagt wird. Dann geben sie beispielsweise an, dass „die Schulen bis zum 4. April geschlossen bleiben". Dadurch entsteht die große Erwartung, dass nach dem Höhepunkt, der bald erreicht sein sollte, alles zur Normalität zurückkehren wird. Auf diese Weise wurde mir bereits mitgeteilt, dass ein akademisches Symposium, an dem ich teilnehmen sollte, in den September verschoben wurde. Der Haken an der Sache ist, dass, selbst wenn das Leben zu einem Anschein von Normalität zurückkehren sollte, diese Normalität nicht länger diejenige sein wird, die wir aus der Zeit vor dem Ausbruch von Corona kennen. Dinge, an die wir gewöhnt waren, weil sie zu unserem täglichen Leben gehört haben, werden nicht länger selbstverständlich sein. Wir werden lernen müssen, mit einem sehr viel zerbrechlicheren Leben zurechtzukommen, das konstanten Bedrohungen ausgesetzt ist. Wir werden unsere gesamte Haltung zum Leben und zu unserer Existenz als Lebewesen, die mit anderen Lebewesen zusammenleben, ändern müssen. Mit anderen Worten: Wenn wir „Philosophie" als den Namen für unsere grundlegende Orientierung im Leben begreifen, dann müssen wir eine wahrlich philosophische Revolution vollziehen.

Lassen Sie mich, um diesen Punkt etwas deutlicher zu machen, eine populäre Definition zitieren: Viren sind eine von vielen Formen ansteckender Wirkstoffe, die für gewöhnlich mikroskopisch klein sind, aus Nukleinsäuren bestehen (entweder aus DNA oder RNA) und in einer Proteinhülle stecken. Sie infizieren Tiere, Pflanzen und Bakterien und reproduzieren sich nur in lebenden Zellen. Viren werden entweder als nichtlebende chemische Einheiten oder, manchmal, als lebende Organismen begriffen.[27]

Dieses Schwanken zwischen Leben und Tod ist entscheidend: Viren sind, im gewöhnlichen Sinn dieser Begriffe, weder lebendig noch tot, sondern gewissermaßen untot. Durch den Trieb, sich zu reproduzieren, ist ein Virus lebendig. Aber dabei handelt es sich um ein Leben am Nullpunkt, um eine biologische Karikatur nicht so sehr des Todestriebs als vielmehr des Lebens auf der Ebene seiner stumpfsinnigsten Wiederholung und Reproduktion. Viren sind allerdings auch keine elementare Form des Lebens, aus der sich komplexere Formen entwickeln; sie sind rein parasitär und reproduzieren sich, indem sie höher entwickelte Organismen infizieren (wenn ein Virus uns Menschen befällt, dann dienen wir ihm einfach als Kopierer). In diesem Zusammenfall der Gegensätze – elementar und parasitär zugleich – liegt das Rätsel der Viren. Sie sind ein Beispiel für das, was Schelling den „nie aufhebbaren Rest"* genannt hat: ein Rest der niedrigsten Lebensform, der als Produkt einer Fehlfunktion höherer Vermehrungsmechanismen entsteht und diese verfolgt (infiziert). Ein Rest, der sich nie wieder als untergeordnetes Moment in eine höhere Lebensform integrieren kann.

Hier begegnen wir dem, was Hegel das spekulative Urteil genannt hat, das von der Identität zwischen dem Höchsten und dem Niedrigsten ausgeht. Hegels bekanntestes Beispiel (aus seiner Analyse der Physiognomik und Schädellehre in der *Phänomenologie des Geistes*) hierfür lautet, dass das „Sein des Geistes ein Knochen" ist. Unser

66

Beispiel sollte lauten: „Das Sein des Geistes ist ein Virus."
Der menschliche Geist ist eine Art von Virus, das dem
menschlichen Tier parasitär anhängt, es für die eigene
Reproduktion ausnutzt und manchmal damit droht, es
zu zerstören. Insofern das Medium des Geistes die Sprache ist, sollten wir nicht vergessen, dass die Sprache auf
ihrer elementarsten Ebene auch mechanisch ist und aus
Regeln besteht, die wir lernen und befolgen müssen.

Richard Dawkins hat behauptet, Memes seien die „Viren des Geistes": parasitäre Entitäten, die den menschlichen Geist „kolonisieren" und ihn als ein Mittel nutzen,
sich selbst zu vermehren – eine Idee, die von keinem
anderen erfunden wurde als von Tolstoi. Normalerweise
wird behauptet, dass Tolstoi ein weniger interessanter Au-
tor sei als Dostojewski. Er sei ein hoffnungslos veralteter
Realist, für den es in der Moderne schlicht keinen Platz
gebe – ganz im Gegensatz zu Dostojewskis existenziel-
lem Leid. Vielleicht ist es jedoch an der Zeit, Tolstoi und
seine einzigartige Theorie der Kunst und des Menschen
im Allgemeinen zu rehabilitieren. Darin finden sich An-
klänge an Dawkins' Begriff des Memes. „Eine Person
ist ein Menschenaffe mit infiziertem Hirn, ein Wirt für
Abermillionen kulturelle Symbionten. Unter ihnen sind
jene symbiontischen Systeme, die als Sprachen bekannt
sind, die wichtigsten Triebkräfte."[28] Ist diese Passage von
Dennett nicht reinster Tolstoi? Die Grundkategorie von
Tolstois Anthropologie ist die *Infektion*: Ein menschliches Subjekt ist ein passives und leeres Medium, das von
affektbeladenen kulturellen Elementen befallen wird, die
sich von Individuum zu Individuum verbreiten – ganz
wie ansteckende Bazillen. Tolstoi geht bis zum Äußers-
ten: Er schlägt nicht vor, der Verbreitung affektiver Infektionen eine echte geistige Autonomie entgegenzusetzen,

er geht auch nicht von der heroischen Vorstellung aus, dass man sich selbst zu einem unabhängigen ethischen Subjekt erzieht, indem man sich von den ansteckenden Bazillen befreit. Es gibt nur einen einzigen Kampf: den zwischen guten und schlechten Infektionen. Selbst das Christentum ist eine Infektion, obwohl sie – für Tolstoi – eine gute ist.

Vielleicht liegt darin die verstörendste Lehre, die wir aus der aktuellen Virus-Pandemie ziehen können: Wenn uns die Natur mit Viren angreift, schickt sie uns unsere eigene Nachricht zurück, und diese Nachricht lautet: Was ihr mir angetan habt, tue ich nun euch an.

Ist es unser Schicksal, der Barbarei mit menschlichem Antlitz zu verfallen?

Dieser Tage ertappe ich mich zuweilen dabei, mir zu wünschen, dass ich mich mit dem Virus anstecke – so hätte wenigstens diese lähmende Unsicherheit ein Ende. Mein Verhältnis zum Schlaf ist ein klares Anzeichen meiner wachsenden Angst. Bis vor einer Woche noch konnte ich das Ende des Tages kaum abwarten, um in den Schlaf zu flüchten und die Alltagssorgen zurückzulassen. Jetzt verhält es sich geradezu umgekehrt: Ich habe Angst vorm Schlafen, weil ich von Alpträumen geplagt werde und oft panisch aus dem Schlaf aufschrecke. Die Alpträume handeln von der Realität, die mich erwartet.

Um welche Realität handelt es sich dabei? (Den folgenden Gedankengang verdanke ich Alenka Zupančič.) Heute hört man oft, dass radikale gesellschaftliche Veränderungen nötig seien, um die Folgen der gegenwärtigen Pandemie zu bewältigen. Wie dieses kleine Büchlein bezeugt, gehöre ich auch zu denen, die dieses Mantra verbreiten. Aber schon jetzt finden radikale Veränderungen statt. Die Corona-Pandemie konfrontiert uns mit etwas, das zuvor unmöglich schien: Die Welt, wie wir sie kannten, ist am Ende. Ganze Länder befinden sich in einem Lockdown, viele von uns stecken zuhause fest und sehen einer ungewissen Zukunft entgegen, in der es wahrscheinlich – selbst, wenn die meisten von uns überleben – zu einer gigantischen Wirtschaftskrise kommen wird. Auch unsere Reaktion darauf, auch das, was wir tun sollten, sollte das Unmögliche sein – das, was in den Koordinaten der gegebenen Weltordnung unmöglich zu sein scheint. Das Unmögliche hat bereits stattgefunden: Unsere Welt ist an ihr Ende gelangt. Was wir tun müssen, um das Schlimmste abzuwenden, ist ebenfalls unmöglich. Aber: Was ist es?

Ich glaube nicht, dass die größte Gefahr darin besteht, dass wir in blanke Barbarei und brutale Überlebenskämpfe zurückfallen, in denen es zu öffentlichen Unruhen und panischen Lynchmorden kommt (obwohl das, wenn das Gesundheitssystem und andere öffentliche Dienstleistungen zusammenbrechen sollten, durchaus möglich ist). Mehr als vor der blanken Barbarei fürchte ich mich aber vor einer Barbarei mit menschlichem Antlitz – also vor rücksichtslosen Überlebensmaßnahmen, die zwar mit Bedauern oder gar Sympathie umgesetzt, aber durch Expertenmeinungen legitimiert werden. Aufmerksame Beobachter können die Veränderungen im Tonfall, mit dem uns die Machthaber anreden, leicht feststellen. Diese versuchen nicht nur, Ruhe und Zuversicht auszustrahlen, sondern äußern des Öfteren auch düstere Prognosen: Die Pandemie werde wohl zwei Jahre ihren Lauf nehmen, etwa 60% bis 70% der Erdbevölkerung mit dem Virus infizieren und Millionen von Menschen töten. In einem Wort: Ihre wahre Nachricht lautet, dass wir die Grundpfeiler unserer sozialen Ethik infrage stellen müssen, nämlich dass sich um die Alten und Schwachen gekümmert wird. Italien hat bereits angekündigt, dass man diejenigen, die über 80 Jahre alt sind oder ernste Vorerkrankungen haben, sterben lassen muss, wenn sich die Lage noch weiter verschlechtert. Man sollte festhalten, dass es sogar einen Verstoß gegen die Grundprinzipien der Militärethik bedeuten würde, eine Logik der „natürlichen Selektion"

Töten mit Ethik

Triage

zu akzeptieren. Der Militärethik zufolge sollte man sich nämlich nach dem Kampf zuallererst um die schwer Verwundeten kümmern, auch wenn sie nur geringe Überlebenschancen haben. Um gleich einem Missverständnis vorzubeugen, möchte ich anmerken, dass ich hier voll und ganz Realist bleibe: Man sollte Medikamente vorbereiten, um den unheilbar Kranken einen schmerzfreien Tod zu ermöglichen und ihnen sinnloses Leiden zu ersparen. Aber unser oberstes Prinzip sollte nicht die Sparsamkeit sein, sondern die bedingungslose Hilfe für alle, die sie benötigen, die Sicherung ihres Überlebens ohne Rücksicht auf die Kosten.

Ich muss Giorgio Agamben daher trotz aller Hochachtung widersprechen, da dieser die Krise als ein Zeichen dafür begreift, dass

> unsere Gesellschaft an nichts anderes mehr glaubt als an das nackte Leben. Es ist offensichtlich, dass die Italiener dazu bereit sind, nahezu alles zu opfern, um der Gefahr einer Erkrankung zu entgehen – die normalen Lebensbedingungen, die sozialen Beziehungen, die Arbeit, sogar die Freundschaften, Zuneigungen und die religiösen und politischen Überzeugungen. Das nackte Leben – und die Gefahr, es zu verlieren – ist nichts, was die Menschen vereint, sondern etwas, das sie blendet und voneinander trennt.[29]

Doch die Dinge liegen nicht so klar auf der Hand, wie Agamben es darstellt: Die Todesgefahr verbindet die Menschen auch miteinander – körperliche Distanz zu wahren zeugt von Respekt, da auch ich das Virus in mir tragen könnte. Aus Angst, mich anzustecken, meiden meine Söhne mich derzeit. Was für sie wahrscheinlich nur eine vorübergehende Erkrankung wäre, könnte mich umbringen. War die Überlebensregel im Kalten Krieg noch die beiderseitige Bereitschaft zum Gegenschlag, die sogenannte MAD (*Mutually Assured Destruction*), so ist es heute eine andere MAD, nämlich die *Mutually Assured Distance*, die beiderseitige Bereitschaft zur Distanz.

In den vergangenen Tagen bekamen wir oft zu hören, wir seien alle persönlich verantwortlich und hätten die neuen Regeln zu befolgen. Die Medien sind voll von Geschichten über Menschen, die sich nicht an die Regeln gehalten und so andere in Gefahr gebracht haben. Ein erkrankter Mann etwa sei in ein Geschäft gelaufen und habe alle angehustet, solche Dinge eben. Das Problem ist hier dasselbe wie bei der Berichterstattung über die Klimakrise: Die Medien legen zu viel Gewicht auf unsere persönliche Verantwortung für dieses Problem und fordern uns dazu auf, dass wir uns mehr um Recycling oder andere Dinge kümmern sollen, die unser persönliches Verhalten betreffen. Eine solche Betonung der individuellen Verantwortung, auch wenn sie bis zu einem gewissen Grad nötig ist, wirkt jedoch ideologisch, sobald sie dazu dient, die viel wichtigere Frage, wie unsere gesamte Wirtschafts- und Gesellschaftsordnung verändert werden kann, zu verschleiern. Der Kampf gegen das Coronavirus kann nur gemeinsam mit dem Kampf gegen ideologische Mystifizierungen und als Teil eines grundsätzlichen ökologischen Kampfes geführt werden. Kate Jones hat das folgendermaßen ausgedrückt: Die Übertragung des Krankheitserregers von wilden Tieren auf Menschen ist

ein versteckter Preis der menschlichen Wirtschaftsentwicklung. Die Menschen breiten sich immer zahlreicher in allen Umgebungen aus. Wir dringen in größtenteils ungestörte Räume vor und machen uns so immer angreifbarer. Wir schaffen Lebensräume, in denen Viren leichter übertragen werden können, und dann wundern wir uns, dass wir uns mit neuen Viren anstecken.[30]

Es genügt also nicht, irgendeine Form von globaler Gesundheitsversorgung für die Menschheit auf die Beine zu stellen. Wir müssen uns um die gesamte Natur kümmern. Viren greifen auch Pflanzen an, die unsere wichtigste Nahrungsquelle sind. Wir müssen immer das Gesamtbild der Welt, in der wir leben, im Kopf behalten – mit all den Paradoxien, die es enthält. Es ist beispielsweise gut zu wissen, dass der Coronavirus-Lockdown in China mehr Menschen gerettet hat als vom Virus getötet wurden (wenn man den offiziellen Statistiken Glauben schenken darf): Dem Umwelt- und Ressourcenökonom Marshall Burke zufolge besteht erwiesenermaßen ein Zusammenhang zwischen schlechter Luftqualität und frühzeitigen Todesfällen, die mit dem Einatmen dieser Luft in Verbindung stehen. „Wenn man das bedenkt", so Marshall, „dann lautet die Frage: Übersteigt die Anzahl der Menschenleben, die durch die Verringerung der Luftverschmutzung (die dem mit COVID-19 einhergehenden wirtschaftlichen Zusammenbruch zu verdanken ist) gerettet wurden, nicht die Anzahl derer, die dem Virus selbst zum Opfer gefallen sind? Ich glaube, dass die Antwort selbst von einem sehr konservativen Standpunkt aus ein klares ‚Ja' ist." Nur zwei Monate Verringerung der Luftverschmutzung haben, so meint er, die Leben von etwa 4000 Kindern unter fünf Jahren und von 73 000 Erwachsenen über 70 Jahren gerettet – allein in China.[31] Wir befinden uns in einer dreifachen Krise: in einer medizinischen (die Pandemie selbst), einer ökonomischen (die unabhängig vom Ausgang der Pandemie heftig einschlagen wird) und einer psychologischen. Die Grundkoordinaten des Alltagslebens von Millionen von Menschen zerfallen, und dieser Umbruch wird sich auf alles auswirken – von Urlaubsflügen bis hin zu ganz normalem körperlichem Kontakt. Wir müssen lernen, außerhalb der Koordinaten von Börse und Profit zu denken, und andere Wege zu entwickeln, die nötigen Ressourcen zu produzieren und bereitzustellen. Wenn die Behörden erfahren, dass eine Firma Millionen von Masken hortet und nur auf den richtigen Moment wartet, sie zu verkaufen, dann sollte es keine Verhandlungen mit dieser Firma geben: Die Masken sollten einfach beschlagnahmt werden.

In den Medien wurde darüber berichtet, dass Trump dem in Tübingen ansässigen biopharmazeutischen Unternehmen CureVac eine Milliarde US-Dollar angeboten hat, um einen wirksamen Impfstoff gegen das Coronavirus „ausschließlich für die Vereinigten Staaten" zu sichern. Jens Spahn, der deutsche Gesundheitsminister, hat daraufhin mitgeteilt, dass eine Übernahme von CureVac durch die Trump-Regierung „vom Tisch" sei: CureVac werde den Impfstoff „für die gesamte Welt entwickeln, nicht für einzelne Staaten." Hier liegt ein beispielhafter Fall des Kampfes zwischen Privatisierung/Barbarei und Kollektivismus/Zivilisation vor. Gleichzeitig jedoch musste Trump das Kriegswirtschaftsgesetz anwenden, um den Privatsektor damit zu beauftragen, die Produktion von medizinischem Bedarfsmaterial hochzufahren:

Trump kündigt an, dass er vorhabe, den Privatsektor zu übernehmen. Der Associated Press zufolge hat der US-Präsident mitgeteilt, er werde auf Landesebene ein Gesetz anwenden, dass es der Regierung erlaubt, in Reaktion auf die Pandemie die Kontrolle über den Privatsektor zu übernehmen. Er werde eine Verordnung unterzeichnen, die ihn, „falls wir es für nötig halten sollten", autorisiert, die innerstaatliche Industrieproduktion zu kontrollieren.[32]

Als ich vor kurzem behauptet habe, dass der Weg aus der Krise in einer neuen Form von „Kommunismus" liege, haben mich viele verspottet. Jetzt liest man, dass Trump vorhabe, den Privatsektor zu übernehmen. Hätte man sich so eine Schlagzeile vor der Pandemie vorstellen können? Und das ist nur der Anfang: Wir werden noch viele weitere Maßnahmen dieser Art benötigen, ebenso werden wir auf die örtliche Selbstverwaltung von Gemeinschaften angewiesen sein, wenn das staatliche Gesundheitssystem wegen Überlastung zusammenbricht. Es reicht nicht, sich zu isolieren und zu überleben – damit das überhaupt möglich ist, muss gewährleistet sein, dass grundlegende öffentliche Dienstleistungen weiterhin angeboten werden: Elektrizität und Wasser, Essen und Medizin müssen weiterhin verfügbar sein. Bald brauchen wir eine Liste all derer, die die Erkrankung überstanden haben und wenigstens für einen gewissen Zeitraum immun sind, um sie für dringende öffentliche Arbeiten einsetzen zu können. Hierbei handelt es sich nicht um eine utopisch-kommunistische Vision, sondern um einen Kommunismus, der von den Notwendigkeiten des nackten Überlebens erzwungen wird. Unglücklicherweise ist das eine Variante dessen, was 1918 in der Sowjetunion „Kriegskommunismus" genannt wurde.

Es gibt progressive Entscheidungen, die nur ein Konservativer mit einer harten patriotischen Linie fällen kann: Nur de Gaulle war dazu in der Lage, Algeriens Unabhängigkeit zu erklären, nur Nixon war dazu in der Lage, Beziehungen mit China aufzubauen. Hätte ein progressiver Präsident versucht, diese Dinge umzusetzen, so wäre er in beiden Fällen sofort des Verrats an den nationalen Interessen bezichtigt worden. Dasselbe trifft nun zu, wenn Trump die Freiheit privater Unternehmen einschränkt und sie dazu zwingt, Dinge zu produzieren, die im Kampf gegen das Coronavirus benötigt werden. Hätte Obama diesen Schritt gewagt, wären rechte

Populisten sicherlich in Zorn ausgebrochen und hätten behauptet, dass er eine Gesundheitskrise als Ausrede nutze, um den Kommunismus in den USA einzuführen.

Wie man so schön sagt: In der Krise sind wir alle Sozialisten. Selbst Trump erwägt nun eine Form von universellem Grundeinkommen – einen Scheck in Höhe von 1000 US-Dollar für jeden erwachsenen Bürger. Billionen werden ausgegeben, und alle konventionellen Regeln des Marktes werden gebrochen. Es ist jedoch noch unklar, wie, wo und für wen das stattfinden soll. Wird dieser erzwungene Sozialismus ein Sozialismus für die Reichen sein, so wie in 2008, als die Banken gerettet wurden, während Millionen gewöhnlicher Menschen ihre kargen Ersparnisse verloren? Wird die Pandemie bloß ein weiteres Kapitel in der langen und traurigen Geschichte dessen sein, was Naomi Klein den „Katastrophen-Kapitalismus" nennt, oder wird daraus eine neue, ausgewogenere, vielleicht sogar bescheidenere Weltordnung entstehen?

Derzeit behaupten alle, dass unser gesellschaftliches und wirtschaftliches System verändert werden müsse. Was heute jedoch wirklich zählt, ist – wie Thomas Piketty kürzlich in einem Kommentar im *L'Obs* behauptet hat – die Frage, *wie* wir es verändern, in welche Richtung es gehen soll und welche Maßnahmen dazu nötig sein werden. Inzwischen versucht man uns auf folgende Weise zu besänftigen: Da wir uns alle gemeinsam in der Krise befinden, sollten wir unsere politischen Anliegen beiseitelegen und gemeinsam daran arbeiten, uns selbst zu retten. Diese Vorstellung ist falsch: Gerade *jetzt* ist wahre Politik nötig – Entscheidungen über Solidarität sind zutiefst politisch.

Die Entscheidung ist klar: Kommunismus oder Barbarei!

Von Alain Badiou bis Byung-Chul Han[33] und vielen anderen, sowohl von rechts als auch von links, wurde ich kritisiert, ja sogar verspottet, nachdem ich wiederholt die Ansicht geäußert hatte, dass aus der Corona-Pandemie eine neue Form von Kommunismus hervorgehen werde. Die Grundmotive dieser Kakophonie von Stimmen waren leicht vorherzusehen: Der Kapitalismus werde sogar gestärkt zurückkehren und die Pandemie als eine Art Katastrophen-Antrieb nutzen; wir alle würden die totale staatliche Kontrolle über unser Leben nach chinesischem Modell stillschweigend als eine medizinische Notwendigkeit akzeptieren; die Überlebenspanik sei zutiefst apolitisch und lasse uns andere Menschen als tödliche Gefahr wahrnehmen statt als Genossen in einem Kampf. Han hat diesem Urteil einige spezifische Einsichten hinzugefügt, die die kulturellen Differenzen zwischen Ost und West betreffen: Die entwickelten westlichen Länder würden überreagieren, da sie sich an ein Leben ohne echte Feinde gewöhnt hätten. Zwar seien sie offen und tolerant, es mangele ihnen jedoch an Immunkräften. Daher seien sie in dem Moment, als eine echte Gefahr aufgetaucht ist, in Panik geraten. Aber ist der entwickelte Westen wirklich so tolerant, wie er behauptet? Ist unser gesamter politischer und sozialer Raum nicht von apokalyptischen Visionen durchdrungen: von der Gefahr der Klimakatastrophe, der Furcht vor islamischen Geflüchteten oder der panischen Verteidigung unserer traditionellen Kultur gegen LGBT+ und Gender-Theorie? Versuchen Sie einmal, einen dreckigen Witz zu erzählen – dann bekommen Sie die Kraft der politisch korrekten Zensur unmittelbar zu spüren. Unsere Toleranz hat sich bereits vor Jahren in ihr Gegenteil verkehrt.

Außerdem stellt sich die Frage, ob die erzwungene Isolation wirklich eine apolitische Überlebensstrategie ist. Hierin stimme ich eher Catherine Malabou zu, die geschrieben hat, dass „eine *epoché*, eine Aussetzung, eine Einklammerung der Sozialität manchmal der einzige Zugang zu Andersheit ist – eine Möglichkeit, sich all den isolierten Menschen auf der Erde nah zu fühlen. Daher versuche ich, in meiner Einsamkeit so allein wie möglich zu sein."[34] Dabei handelt es sich um eine zutiefst christliche Vorstellung: Wenn ich mich alleine und von Gott verlassen fühle, dann geht es mir wie Christus am Kreuz. Ich bin ihm vollkommen verbunden. Heute gilt dasselbe für Julian Assange, der isoliert in seiner Gefängniszelle sitzt und keinen Besuch empfangen darf. Uns allen ergeht es gerade wie Assange, und wir brauchen – mehr denn je – Menschen wie ihn, um gefährliche Formen von Machtmissbrauch zu verhindern, die durch eine medizinische Bedrohung gerechtfertigt werden. In der Isolation sind Telefon und Internet unsere wichtigsten Verbindungen zu anderen Menschen; gleichzeitig werden beide vom Staat kontrolliert, der uns auf Knopfdruck voneinander trennen kann.

Was also wird passieren? Was zuvor unmöglich schien, findet bereits statt: Boris Johnson beispielsweise gab am 24. März 2020 bekannt, dass der Schienenverkehr Großbritanniens zeitweise verstaatlicht werde. Assange hat Yanis Varoufakis in einem kurzen Telefonat Folgendes mitgeteilt: „Diese neue Phase der Krise macht wenigstens deutlich, dass *alles geht* – dass jetzt alles möglich ist."[35] Natürlich kann die Entwicklung in alle erdenklichen Richtungen gehen, vom Besten bis zum Schlimmsten. Die Situation, in der wir uns befinden, ist daher zutiefst politisch: Radikale Entscheidungen stehen uns bevor.

Es ist möglich, dass sich die Staatsgewalt in einigen Teilen der Welt auflösen wird und dass lokale Warlords ihre Territorien kontrollieren werden, wie in einem großen *Mad Max*-artigen Überlebenskampf – vor allem dann, wenn Bedrohungen wie Hunger oder Umweltzerstörung Überhand nehmen. Es ist möglich, dass extremistische Gruppierungen die Strategie der Nazis übernehmen, nach der „die Alten und Schwachen sterben müssen, um unsere Nation zu stärken und zu verjüngen" (Informationen des FBI zufolge fordern einige Gruppierungen diejenigen ihrer Mitglieder, die sich bereits mit dem Coronavirus infiziert haben, dazu auf, Polizisten und Juden anzustecken). Eine etwas nuanciertere kapitalistische Version dieses Rückfalls in die Barbarei wird in den USA bereits offen diskutiert. In einem in Großbuchstaben verfassten Tweet teilte der US-Präsident am Sonntagabend, den 22. März, mit:

WIR KÖNNEN NICHT ZULASSEN, DASS DAS HEILMITTEL SCHLIMMER IST ALS DAS URSPRÜNGLICHE ÜBEL. NACH DEN KOMMENDEN 15 TAGEN WERDEN WIR EINE ENTSCHEIDUNG TREFFEN, IN WELCHE RICHTUNG ES WEITERGEHEN SOLL.

Vize-Präsident Mike Pence, der die Coronavirus-Taskforce des Weißen Hauses leitet, ließ etwas früher am selben Tag verlauten, dass die Zentren für Krankheitskontrolle und Prävention (CDC) am darauffolgenden

Montag Leitlinien veröffentlichen würden, die es Personen, die sich bereits mit dem Coronavirus angesteckt haben, erlauben, früher zur Arbeit zurückzukehren. Die Redaktionsleitung des *Wall Street Journal* hat außerdem davor gewarnt, dass es zu einer Wirtschafsrezession kommen könnte, „die den Schaden von 2008–2009 in den Schatten stellen wird, wenn die Bundes- und Staatsbeamten nicht unverzüglich ihre Antivirus-Strategie anpassen." Bret Stephens – ein konservativer Kolumnist der *New York Times*, den Trump aufmerksam verfolgt – hat geschrieben, „bevor man Lösungen umsetzt, die möglicherweise zerstörerischer sind als das Virus selbst"[36], müsse man mit Nachdruck hinterfragen, ob das Virus wirklich als eine Gefahr betrachtet werden kann, die mit dem Zweiten Weltkrieg vergleichbar ist. Dan Patrick, der Vizegouverneur von Texas, hat auf *Fox News* behauptet, er würde lieber sterben als gesundheitspolitische Maßnahmen hinzunehmen, die der US-Wirtschaft schaden. Er glaube, dass „viele Großeltern" im gesamten Land ihm zustimmen würden. „Meine Nachricht lautet: Lasst uns zurück an die Arbeit gehen, lasst uns wieder leben, und lasst es uns klug angehen. Diejenigen von uns, die über 70 sind, werden sich schon um sich selbst kümmern können."[37]

Mir fällt nur ein Ereignis in jüngerer Zeit ein, dass zu ähnlichen Maßnahmen geführt hat. In den letzten Jahren von Ceaușescus Herrschaft in Rumänien wurden pensionierte Menschen schlicht und ergreifend nicht in den Krankenhäusern aufgenommen, ganz gleich in welchem Zustand sie sich befanden, weil man davon überzeugt war, dass sie für die Gesellschaft nicht mehr von Nutzen seien. Die Botschaft, die durch solche Ankündigungen vermittelt wird, ist klar: Man muss sich entscheiden zwischen einer großen, unkalkulierbaren Zahl von Menschenleben und dem amerikanischen (also kapitalistischen) *Way of Life*. Bei dieser Wahl ziehen die Menschenleben den Kürzeren. Aber ist das die einzige Wahl? Tun wir nicht jetzt schon etwas anderes – sogar in den USA? Selbstverständlich kann kein ganzes Land – geschweige denn die ganze Welt – den Lockdown auf unbestimmte Zeit aufrechterhalten. Aber es kann transformiert und in einer neuen Weise wieder hochgefahren werden. Hierbei lasse ich mich nicht von Sentimentalitäten leiten: Wer weiß schon, was wir tun sollen? Es kann sein, dass wir diejenigen mobilisieren müssen, die bereits genesen und nun immun sind, damit sie die nötigen sozialen Dienstleistungen aufrechterhalten. Es kann aber auch sein, dass wir denjenigen, die bereits verloren sind und deren Leben nur noch aus sinnlosem und in die Länge gezogenem Leiden besteht, Tabletten verschreiben müssen, die ihnen einen schmerzfreien Tod ermöglichen. Wir stehen jedoch nicht nur vor der Wahl, wir fällen bereits Entscheidungen.

Daher liegen diejenigen falsch, die glauben, die Krise sei unpolitisch. Ihnen zufolge müsse die Staatsmacht ihre Aufgabe erledigen, während wir uns einfach nur an die Vorgaben halten und hoffen sollten, dass in nicht allzu ferner Zukunft irgendeine Form von Normalität wiederhergestellt werde. Wir sollten uns dabei an Kant orientieren, der bezüglich der Gesetze des Staates schrieb: „Räsonniert, soviel ihr wollt, und worüber ihr wollt; aber gehorcht!" Heute sind wir mehr denn je auf das angewiesen, was Kant den „öffentlichen Gebrauch der Vernunft" nannte. Es besteht kein Zweifel, dass wir es auch in Zukunft mit Seuchen zu tun haben werden, und zwar in Verbindung mit anderen ökologischen Bedrohungen wie Dürren oder Heuschreckenplagen. Daher haben wir schon jetzt schwere Entscheidungen zu fällen. Diejenigen, die behaupten, es handele sich bloß um eine weitere Pandemie mit einer relativ geringen Mortalitätsrate, wollen das einfach nicht begreifen. Sicher, es ist nur eine Pandemie. Aber wir sehen bereits jetzt, dass die Warnungen vor solchen Pandemien schon in der Vergangenheit absolut gerechtfertigt waren. Und es ist noch lange kein Ende in Sicht. Natürlich können wir eine resignierte, „weise" Haltung einnehmen und sagen: „Es sind schon schlimmere Dinge passiert. Denkt nur an die Pest im Mittelalter ..." Aber dass man überhaupt so einen Vergleich heranziehen muss, sagt schon viel aus. Die Panik, die wir gerade erleben, bezeugt, dass derzeit eine Art von ethischem Fortschritt stattfindet, auch wenn dieser zuweilen heuchlerisch ist: Wir sind nicht länger gewillt, die Seuchen als unser Schicksal zu akzeptieren.

Hier kommt meine Vorstellung von „Kommunismus" zum Tragen – nicht als ein obskures Traumgebilde, sondern einfach als Name für das, was schon jetzt passiert (oder zumindest von vielen als eine Notwendigkeit begriffen wird), und für die Maßnahmen, die in Betracht gezogen und teilweise schon umgesetzt werden. Dabei handelt es sich nicht um eine strahlende Zukunftsvision, sondern eher um einen „Katastrophen-Kommunismus", der das Gegengift für einen Katastrophen-Kapitalismus ist. Der Staat sollte nicht nur eine viel aktivere Rolle einnehmen und die Produktion wichtiger Gegenstände wie Masken, Testkits und Beatmungsgeräte organisieren, Hotels und andere Resorts beschlagnahmen, die Existenzbedingungen der kürzlich arbeitslos Gewordenen sicherstellen, und so weiter. All das sollte er tun, indem er die Mechanismen des Marktes aufgibt. Denken Sie nur an die Millionen von Menschen, deren Jobs wenigstens für einen gewissen Zeitraum verloren und bedeutungslos sein werden (wie etwa in der Tourismus-Branche). Man kann ihr Schicksal nicht den Mechanismen des Marktes oder einmaligen Konjunkturpaketen überlassen. Wir dürfen auch nicht vergessen, dass flüchtende Menschen immer noch versuchen, nach Europa zu gelangen. Kann man sich das Ausmaß ihrer Verzweiflung überhaupt vorstellen, wenn ein Gebiet, das sich während einer Pandemie in einem Lockdown befindet, für sie immer noch ein attraktives Ziel darstellt?

Es liegen noch zwei weitere Dinge auf der Hand. Um die Alten und Schwachen versorgen zu können, wird das staatliche Gesundheitssystem auf die Hilfe lokaler Gemeinschaften angewiesen sein. Und zur Produktion und Verteilung von Ressourcen muss am anderen Ende des Spektrums irgendeine Form von effektiver internationaler Zusammenarbeit organisiert werden. Wenn sich die Staaten einfach isolieren, werden Kriege ausbrechen. Um solche Entwicklungen geht es mir, wenn ich von „Kommunismus" spreche, und die einzige Alternative, die ich dazu sehe, ist eine neue Form der Barbarei. Wie weit wird sich dieser Kommunismus entwickeln? Das kann ich nicht sagen. Ich weiß jedoch, dass das Bedürfnis danach überall empfunden wird und dass diesem Bedürfnis, wie wir sehen konnten, sogar von Politikern wie Boris Johnson nachgegangen wird – und der ist sicherlich kein Kommunist.

Die Grenze, die uns von der Barbarei trennt, zeichnet sich immer stärker ab. Es ist ein Zeichen von Zivilisation, dass es zunehmend als vollkommen verrückt und sinnlos angesehen wird, die verschiedenen Kriege fortzusetzen, die auf der Welt stattfinden; eine weiteres Zeichen liegt in der Einsicht, dass die Intoleranz gegenüber anderen

Rassen, Kulturen und sexuellen Minderheiten gemessen am Ausmaß dieser Krise nahezu bedeutungslos erscheint. Deshalb glaube ich auch, dass es problematisch ist, den Begriff „Krieg" für unseren Kampf gegen das Virus zu verwenden, auch wenn wir ähnliche Maßnahmen wie in Kriegszeiten benötigen: Das Virus ist kein Gegner, der Pläne und Strategien dafür entwickelt hat, wie er uns auslöschen kann. Es ist nur ein stumpfer, sich selbst reproduzierender Mechanismus.

Das entgeht denjenigen, die unsere Obsession mit dem Überleben verurteilen. Alenka Zupančič hat kürzlich einen Text von Maurice Blanchot, der aus der Ära des Kalten Krieges stammt, einer neuen Lektüre unterzogen. Darin geht es um die Angst vor der atomaren Selbstzerstörung der Menschheit. Blanchot zeigt, dass unser verzweifelter Wunsch zu überleben nicht zwangsläufig der Haltung jener entspricht, die sagen: „Vergesst die Veränderungen, wir sollten lieber den Stand der Dinge bewahren und unser nacktes Überleben sichern." In Wirklichkeit ist das Gegenteil der Fall: Gerade durch den Versuch, die Menschheit vor der Selbstzerstörung zu bewahren, schaffen wir eine neue Menschheit. Erst aus dieser tödlichen Bedrohung erwächst die Vorstellung einer vereinten Menschheit.

Die Verabredung in Samarra:
Alte Witze neu ausgelegt

Bereits in früheren Texten habe ich zu verschiedenen Anlässen einen Witz über einen Mann erzählt, der davon überzeugt ist, ein Getreidekorn zu sein. Er wird in eine Psychiatrie gebracht, wo die Ärzte ihr Bestes geben, um ihn davon zu überzeugen, dass er kein Korn sei, sondern ein Mensch. Irgendwann gelingt es ihnen, und er darf die Psychiatrie verlassen. Kurz darauf kehrt er jedoch wieder zurück, vor Angst zitternd. Er berichtet, dass ein Huhn vorm Eingang warte und er befürchte, es werde ihn fressen. „Aber mein Herr", sagt sein Arzt, „Sie wissen doch ganz genau, dass sie kein Korn sind, sondern ein Mensch." – „Ja sicher, ich weiß das", antwortet der Patient, „aber weiß es das Huhn auch?"

Vor kurzem hat mir mein kroatischer Freund Dejan Kršić eine Corona-Version dieses Witzes gesendet: „Hallo, mein Freund!" – „Oh, hallo Professor! Warum tragen Sie denn eine Maske? Vor zwei Wochen haben Sie doch noch allen erklärt, dass Masken nicht gegen das Coronavirus schützen?" – „Ja, ich weiß schon, dass sie nicht funktionieren. Aber weiß das Virus es auch?"

Die Virus-Version dieses Witzes ignoriert jedoch eine entscheidende Tatsache: Das Virus weiß überhaupt nichts (es weiß nicht einmal, dass es *nichts* weiß). Denn es befindet sich überhaupt nicht im Raum des Wissens, und es ist kein Feind, der uns zerstören will – es reproduziert sich einfach in einem blinden Automatismus selbst. Einige Linke ziehen noch eine andere Parallele: Ist das Kapital nicht auch ein Virus, das uns Menschen parasitär anhängt? Ist es nicht auch ein blinder Mechanismus, der eine grenzenlose Selbstreproduktion anstrebt und völlig gleichgültig gegen unser Leiden ist? Hierbei gibt es allerdings einen entscheidenden Unterschied: Das Kapital ist ein virtuelles Wesen, das nicht unabhängig von uns in der Realität existiert. Es existiert nur, insofern wir Menschen am kapitalistischen Prozess teilnehmen. Als solches ist das Kapital ein gespenstisches Wesen: Wenn wir aufhören, so zu handeln, als glaubten wir daran, würde das Kapital aufhören zu existieren (oder wenn, sagen wir, die Staatsmacht alle Produktionsmittel verstaatlichen und das Geld abschaffen würde). Das Virus hingegen ist ein Teil der Realität, dem man nur wissenschaftlich beikommen kann.

Das heißt nicht, dass es keine Verbindung zwischen den verschiedenen Virusformen gibt: zwischen biologischen Viren, digitalen Viren und dem Kapital als viralem Wesen. Die Coronavirus-Pandemie ist offensichtlich auch kein rein biologisches Phänomen, das nur die Menschen betrifft: Um die Ausbreitung des Virus zu verstehen, muss man kulturelle Entscheidungen (wie etwa Ernährungsgewohnheiten), die Wirtschaft und den globalen Handel, das dichte Netzwerk internationaler Beziehungen und die ideologischen Angst- und Panikmechanismen berücksichtigen. Um diese Verbindung angemessen zu begreifen, brauchen wir einen neuen Ansatz. Bruno Latour hat bereits eine mögliche Richtung angedeutet. Er hatte recht, als er betonte, dass die Coronavirus-Krise die „Generalprobe" des bevorstehenden Klimawandels sei. Dieser sei „die nächste Krise, und zwar die Krise, die uns alle vor die Aufgabe stellen wird, unsere Lebensbedingungen neu auszurichten. Wir werden außerdem lernen müssen, all die Kleinigkeiten in unserem Alltagsdasein neu anzuordnen."[38] Als globale und anhaltende Klimakrise habe uns die Coronavirus-Pandemie brutal mit der

plötzlichen und harschen Einsicht konfrontiert, dass die klassische Definition der Gesellschaft – der zufolge diese nur aus Menschen zusammengesetzt sei – sinnlos ist. Der Status einer Gesellschaft hängt in jedem Moment von den Assoziationen zwischen vielen Akteuren ab, von denen die meisten keine menschliche Form besitzen. Das gilt für Mikroben – wie wir seit Pasteur wissen –, aber auch für das Internet, das Recht, die Organisation von Krankenhäusern, die staatliche Logistik und das Klima.

Natürlich weiß Latour, dass es einen wichtigen Unterschied zwischen der Coronavirus-Pandemie und der Klimakrise gibt:

Es mag stimmen, dass die gesamte Menschheit in der Gesundheitskrise gegen Viren „kämpft" – selbst, wenn diese kein Interesse an uns haben, sondern von Mensch zu Mensch springen und uns umbringen, ohne es darauf anzulegen. Beim Klimawandel wird diese Situation auf tragische Weise umgekehrt: Diesmal ist nicht das Virus der Krankheitserreger, dessen schreckliche Ansteckungskraft die Lebensbedingungen aller Bewohner dieses Planeten verändert hat. Es ist die Menschheit!

Latour fügt zwar schnell hinzu, dass das „nicht auf alle Menschen zutrifft, sondern nur auf die, die mit uns Krieg führen, ohne uns offiziell den Krieg erklärt zu haben". Aber trotzdem ist die Instanz, die „mit uns Krieg führt, ohne uns offiziell den Krieg zu erklären", nicht bloß eine Gruppe von Menschen, sondern das gegenwärtige globale sozio-ökonomische System, kurz: Es ist die gegebene Weltordnung, an der wir alle (die gesamte Menschheit) teilhaben. Jetzt können wir das wahrhaft subversive Potenzial erkennen, das im Begriff der Assemblage steckt: Es wird deutlich, wenn wir ihn auf eine Konstellation anwenden, die zwar Menschen enthält, jedoch von einem Standpunkt aus betrachtet wird, der „unmenschlich" ist, sodass die Menschen bloß als ein Aktant unter vielen erscheinen. Erinnern Sie sich nur an Jane Bennett, wenn sie beschreibt, wie sich die Aktanten auf einer schadstoffbelasteten Müllhalde miteinander verbinden: dass nicht nur die Menschen, sondern auch der verwesende Abfall, die Würmer und Insekten, die zurückgelassenen Maschinen, die chemischen Gifte und so weiter alle ihre (niemals rein passive) Rolle spielen.[39] In solch einem Ansatz verbirgt sich eine theoretische und ethisch-politische Einsicht. Wenn sogenannte Neue Materialistinnen wie Bennett sich dagegen wenden, dass die Materie auf ein passives Gemisch mechanischer Teile reduziert wird, dann gehen sie natürlich nicht von einer altmodischen direkten Teleologie aus, sondern von einer aleatorischen Dynamik, die der Materie immanent ist: In nicht vorhersagbaren Begegnungen zwischen verschiedenen Arten von Aktanten entstehen *emergierende Eigenschaften*. Die Agency jedes bestimmten Aktes wird auf eine Vielzahl unterschiedlicher Körper verteilt. Dadurch wird Agency zu einem gesellschaftlichen Phänomen. Die Grenzen des Sozialen werden insofern ausgedehnt, als sie alle materiellen Körper einbeziehen, die an der jeweiligen Assemblage teilnehmen. Gehen wir beispielsweise davon aus, dass eine ökologische Öffentlichkeit aus einer Gruppe von Körpern besteht – einige davon menschlich, die meisten jedoch nicht – und dass dieser Gruppe ein Schaden zugefügt wird. Schaden definieren wir dabei als die Einschränkung der Handlungsfähigkeit. Die ethische Implikation solch einer Haltung liegt darin, dass wir anerkennen sollten, dass wir mit größeren Assemblagen verwoben sind. Wir sollten sensibler für die Bedürfnisse dieser Öffentlichkeit werden, und ein neues Verständnis von Eigeninteresse treibt uns dazu, auf ihre Notlage zu reagieren. Materialität, die für gewöhnlich als träge Masse verstanden wird, soll neu gedacht werden: als eine Fülle von Dingen, die Assemblagen aus menschlichen und nichtmenschlichen Akteuren (Aktanten) formt – die Menschen sind nur eine Kraft von vielen in einem potenziell grenzenlosen Netzwerk von Kräften.

Ein solcher Ansatz, der ein Phänomen in einer sich fortwährend verändernden Assemblage verortet, erlaubt es uns, einige unerwartete Fälle von Transfunktionalisierung zu verstehen (in denen ein Phänomen ganz plötzlich anfängt, auf ganz andere Weise zu funktionieren). Unter den unerwarteten Fällen von Solidarität findet sich beispielsweise ein Fall in Rio de Janeiro. Dort haben die Gangs, die normalerweise brutal um die Kontrolle ihrer Favelas kämpfen, für die Dauer der COVID-19-Pandemie einen Waffenstillstand geschlossen und sich dazu entschieden, zusammenzuarbeiten, um den Alten und Schwachen zu helfen.[40] Dieser plötzliche Wechsel war möglich, weil die Straßengangs selbst schon eine Assemblage unterschiedlicher Aspekte waren. Sie stellen nicht nur eine Form kriminellen Verhaltens dar, sondern auch eine von Jugendgruppen ausgeübte Form der Solidarität und des Widerstands gegen die institutionalisierte Macht.

Ein weiteres Beispiel für Transfunktionalisierung liegt dann vor, wenn Billionen dafür ausgegeben werden, um nicht nur Firmen, sondern auch Individuen zu helfen (einige Maßnahmen ähneln bereits sehr dem Modell des bedingungslosen Grundeinkommens), und zwar mit der

Begründung, es seien extreme Maßnahmen nötig, um die Wirtschaft am Laufen zu halten und extreme Armut und Hunger zu vermeiden. Aber dabei passiert etwas viel Radikaleres: Durch solche Maßnahmen funktioniert Geld nicht mehr auf traditionell kapitalistische Weise. Es wird zu einem Coupon, mit dem die vorhandenen Ressourcen verteilt werden, sodass die Gesellschaft weiter funktionieren kann – außerhalb der Zwänge des Wertgesetzes.

Stellen wir uns noch eine weitere seltsame Umkehrung dieser Art vor. Es wurde umfassend berichtet, dass einer der Nebeneffekte der Coronavirus-Pandemie eine sehr viel bessere Luftqualität über China und inzwischen sogar über Norditalien sei. Aber was, wenn die Wetterlage in diesen Regionen sich bereits an die Luftverschmutzung angepasst hat? Einer der Effekte von saubererer Luft könnten dann noch verheerendere Wetterlagen sein (etwa mehr Dürren oder mehr Überflutungen …).

Es ist also ein radikaler philosophischer Wandel nötig, damit wir uns der kommenden Klimakrise entgegenstellen können. Dieser Wandel muss viel radikaler sein als die übliche Plattitüde nahelegt, die betont, dass wir Menschen Teil der Natur und nur eine von vielen Spezies auf der Erde seien, dass also unser Produktionsprozess (unser Stoffwechsel mit der Natur, wie Marx es ausgedrückt hat) Teil des Stoffwechsels innerhalb der Natur selbst ist. Die Herausforderung besteht darin, diese komplexe Interaktion in ihrer detaillierten Struktur zu beschreiben: Das Coronavirus ist keine Ausnahme und kein verstörender Eindringling, sondern eine spezifische Version eines Virus, das bereits jahrzehntelang unter unserer Wahrnehmungsschwelle wirksam war. Viren und Bakterien sind immer da. Manchmal übernehmen sie sogar eine entscheidende und positive Funktion (unsere Verdauung etwa funktioniert nur Dank der Bakterien in unserem Magen). Hier reicht es nicht aus, den Begriff unterschiedlicher ontologischer Schichten einzuführen (als Körper sind wir Organismen, die für Bakterien und Viren als Wirt dienen; als Produzenten verändern wir kollektiv die uns umgebende Natur; als politische Wesen organisieren wir unser gesellschaftliches Leben und beteiligen uns an den Kämpfen, die darin stattfinden; als geistige Wesen finden wir unsere Erfüllung in der Wissenschaft, der Kunst oder der Religion; et cetera). Assemblage bedeutet, einen Schritt weiter in Richtung einer Art flachen Ontologie zu gehen und zu erkennen, dass all diese verschiedenen Ebenen auf ein und derselben Ebene miteinander interagieren können: Viren sind Aktanten, die von unseren produktiven Tätigkeiten, von unseren kulturellen Vorlieben und unserem gesellschaftlichen Austausch vermittelt werden. Deswegen sagt Latour:

> Politik sollte materiell werden. Sie sollte zu einer *Dingpolitik* werden, die sich um Dinge und Anliegen von Belang dreht statt um Werte und Überzeugungen. Stammzellen, Mobiltelefone, genetisch veränderte Organismen, Krankheitserreger, neue Infrastruktur und neue reproduktive Technologien bringen betroffene Öffentlichkeiten hervor. Diese schaffen sowohl unterschiedliche Wissensformen über diese Dinge als auch diverse Handlungsformen – jenseits von Institutionen, politischen Interessen oder Ideologien, die das traditionelle Feld der Politik abstecken.[41]

Wir können die Coronavirus-Pandemie als eine Assemblage begreifen, die sich zusammensetzt aus einem (potenziell) pathogenen viralen Mechanismus, der industriellen Landwirtschaft, der rasanten Entwicklung der globalen Wirtschaft, den kulturellen Gepflogenheiten, der sich schnell ausbreitenden internationalen Kommunikation und so weiter. Die Pandemie ist ein Gemisch aus natürlichen, wirtschaftlichen und kulturellen

Prozessen, die untrennbar miteinander verwoben sind. Als unerschrockener Subjektphilosoph möchte ich dem noch zwei Punkte hinzufügen: Zunächst sind wir als Menschen zwar nur einer der Akteure einer komplexen Assemblage; nichtsdestotrotz können wir uns nur als Subjekte in die Perspektive jenes „unmenschlichen Blickes" versetzen, von dem aus wir (jedenfalls teilweise) in der Lage sind, die Assemblage von Aktanten, zu der wir gehören, zu begreifen.

Zweitens sollten „Werte und Überzeugungen" nicht einfach ignoriert werden: Sie spielen eine wichtige Rolle und sollten als ein spezifischer Modus der Assemblage behandelt werden. Die Religion etwa ist eine komplexe Struktur, die aus Dogmen, Institutionen, sozialen sowie individuellen Praktiken und intimen Erfahrungen besteht. Dabei ist das, was gesagt wird, oft auf unerwartete Weisen mit dem, was ungesagt bleibt, verwoben. Vielleicht wäre ein vollkommen wissenschaftlicher Gottesbeweis für die Gläubigen selbst die größte Überraschung. Eine ähnliche Komplexität (oder eher ein Riss) kann uns helfen, unsere verzögerte Reaktion auf das Coronavirus zu verstehen – unser Wissen konnte mit unseren spontanen Überzeugungen nicht Schritt halten.

Erinnern Sie sich an den zweiten (am Privatdetektiv Arbogast begangenen) Mord in Alfred Hitchcocks *Psycho*: Dieser Mord ist noch viel überraschender als die berüchtigte Dusch-Szene. Während es eine völlig unerwartete Überraschung ist, dass Marion in der Dusche erstochen wird, wissen wir, dass dem Privatdetektiv etwas Schockierendes zustoßen wird. Tatsächlich ist die gesamte Szene so gedreht, dass sie darauf hindeutet – und doch überrascht es uns, wenn es tatsächlich passiert. Aber warum? Wie kann es sein, dass gerade etwas, von dem wir vorher wussten, dass es geschehen würde, uns in höchstem Maße überrascht, wenn es dann wirklich geschieht? Die naheliegendste Antwort lautet: Weil wir nicht wirklich geglaubt haben, dass es geschehen würde. Hat sich nicht etwas ganz Ähnliches im Falle der Verbreitung des Coronavirus ereignet? Epidemiologen haben uns vor dem Virus gewarnt. Sie haben sogar recht präzise Vorhersagen gemacht, die sich im Nachhinein als zutreffend erwiesen haben. Greta Thunberg hatte völlig recht, als sie gefordert hat, dass Politiker auf die Wissenschaft hören sollen – aber wir setzen unser Vertrauen lieber in „dumpfe Ahnungen" [„*hunches*"] (Trump hat genau dieses Wort verwendet). Man kann leicht verstehen, warum. Was jetzt passiert, erschien uns lange Zeit unmöglich: Die Grundkoordinaten unseres normalen Lebens sind im Begriff zu verschwinden. Unsere erste Reaktion auf das Virus war, es als einen Alptraum anzusehen, aus dem wir bald aufwachen würden. Jetzt wissen wir, dass das nicht passieren wird. Wir werden lernen müssen, in einer viralen Welt zu leben. Mühevoll werden wir uns eine neue Lebensweise aufbauen müssen.

Doch in der aktuellen Pandemie ist noch eine weitere Verbindung von Sprache und Realität am Werk: Es gibt materielle Prozesse, die nur stattfinden können, wenn sie von unserem Wissen vermittelt werden. Uns wird gesagt, dass eine bestimmte Katastrophe eintreten wird. Wir versuchen, sie zu vermeiden, doch gerade dadurch, dass wir sie zu vermeiden suchen, verursachen wir sie. Erinnern wir uns nur an die alte arabische Geschichte über die *Verabredung in Samarra*, die von W. Somerset Maugham nacherzählt wurde: Ein Sklave, der eine Besorgung auf dem geschäftigen Basar von Bagdad machen muss, trifft auf den Tod. Zutiefst erschüttert vom Blick des Todes eilt er nach Hause zu seinem Herrn, um ihn um ein Pferd zu bitten. Wenn er den ganzen Tag reitet, erreicht er am Abend Samarra, wo ihn der Tod nicht finden kann. Der gutmütige Herr gibt seinem Sklaven nicht nur ein Pferd, sondern geht selbst auf den Basar, sucht den Tod auf und wirft diesem vor, seinen loyalen Sklaven erschreckt zu haben. Darauf erwidert der Tod: „Aber ich wollte Ihren Sklaven doch gar nicht erschrecken. Ich war lediglich überrascht, ihn hier auf dem Basar zu sehen. Wir haben doch heute Abend eine Verabredung in Samarra …" Was, wenn der Sinn dieser Geschichte nicht darin liegt, dass der Tod den Menschen zwangsläufig einholt und dass er nur fester zupacken wird, wenn man versucht, ihm zu entgehen? Was, wenn der Sinn vielmehr im Gegenteil liegt, nämlich darin, dass man dem Schicksal nur entgehen kann, wenn man es als unvermeidlich hinnimmt? Ödipus' Eltern wurde prophezeit, dass ihr Sohn den Vater umbringen und die Mutter heiraten würde. Und eben jene Schritte, die sie unternahmen, um diesem Schicksal zu entgehen (indem sie ihn in einem Gebirge dem Tod auszusetzen), stellten sicher, dass die Prophezeiung sich erfüllen würde. Ohne den Versuch, dem Schicksal zu entgehen, hätte das Schicksal sich nicht verwirklicht. Kann man das nicht als deutliche Parabel auf das Schicksal der US-Intervention im Irak verstehen? Dort sahen die USA Anzeichen einer fundamentalistischen Bedrohung, griffen ein, um diese zu verhindern, und stärkten sie dadurch. Wäre es nicht viel effektiver gewesen, die Gefahr hinzunehmen, zu ignorieren und sich ihrer auf diese Weise zu entledigen? Also zurück zu unserer Geschichte: Stellen Sie sich vor, dass der Sklave den Tod während der Begegnung auf dem Basar folgendermaßen anspricht: „Was hast du für ein Problem mit mir? Wenn du mir irgendetwas antun willst, dann tu es, oder verzieh dich!" Völlig perplex hätte der Tod wohl etwas gemurmelt wie: „Aber … wir waren in Samarra verabredet, ich kann dich nicht hier umbringen!" Und er hätte die Flucht ergriffen (wahrscheinlich nach Samarra). Der Plan, eine sogenannte Herdenimmunität gegen das Coronavirus anzustreben, geht genau diese Wette ein:

Das angebliche Ziel liegt darin, eine „Herdenimmunität" zu erreichen, um den Ausbruch zu bewältigen und eine katastrophale „zweite Welle" im nächsten Winter zu verhindern […]. Ein Großteil der Bevölkerung – grob gesprochen: alle unter 40 – sei nur einem geringen Risiko ausgesetzt, einen schweren Krankheitsverlauf zu erleiden. Wenn man so argumentiert, geht man davon aus, dass man die Gesamtgesellschaft durch eine Immunität unter jungen Menschen schützen könne – auch wenn wir in einer perfekten Welt von niemandem erwarten würden, sich dem Risiko einer Infektion auszusetzen.[42]

Man spekuliert also darauf, dass der tatsächliche Schaden geringer sein könnte, wenn wir Unwissenheit vortäuschen (also die Bedrohung ignorieren), als wenn wir wissentlich handeln. Davon versuchen die konservativen Populisten uns zu überzeugen: Unser Samarra ist unsere Wirtschaftsordnung und unsere gesamte Lebensweise. Wenn wir also dem Rat der Epidemiologen folgen und versuchen, die Auswirkung des Virus durch Isolation und Lockdown zu verringern, dann beschwören wir nur einen katastrophalen Wirtschaftszusammenbruch herauf – und damit eine Armut, die viel schwerwiegender sein wird als die relativ geringe Prozentzahl der durch das Virus verursachen Todesfälle.

Die Devise „Zurück an die Arbeit" steht jedoch, wie Alenka Zupančič in einem privaten Gespräch betont hat, beispielhaft für den Betrug, der hinter Trumps angeblicher Sorge für die Arbeiter steckt: Er wendet sich an einfache, schlecht entlohnte Menschen, für die die

Pandemie auch wirtschaftlich eine Katastrophe bedeutet und die es sich daher nicht leisten können, sich zu isolieren. Hier gibt es zwei Haken: Erstens ist Trumps Wirtschaftspolitik, die sich vor allem auf den Abbau des Wohlfahrtsstaates konzentriert hat, größtenteils dafür verantwortlich, dass so viele schlecht entlohnte Arbeiter sich in einer solch prekären Situation befinden, dass Armut für sie eine schlimmere Bedrohung ist als das Virus.

Zweitens, sind die Armen diejenigen, die wirklich „an die Arbeit zurückkehren" werden, während die Reichen in ihrer komfortablen Isolation verharren können. Einige müssen darauf verzichten, sich selbst zu isolieren, damit wir Übrigen dazu in der Lage sind: diejenigen, die im Gesundheitssystem arbeiten, die unsere Nahrung produzieren und liefern, die unsere Strom- und Wasserversorgung sicherstellen. Außerdem gibt es Geflüchtete und Migranten, die schlicht und ergreifend keinen Ort haben, den sie ihr „Zuhause" nennen und an dem sie sich isolieren können. Wie kann man auf Social Distancing bestehen, wenn Tausende von Menschen in einem Flüchtlingscamp zusammengepfercht werden? Erinnern wir uns nur an das Chaos, das in Indien ausbrach, als die Regierung einen vierzehntägigen Lockdown angeordnet hat und Millionen von Menschen versuchten, aus den Großstädten aufs Land zu flüchten.

All diese neuen Spaltungen deuten darauf hin, dass eine gewisse Sorge der Linksliberalen an eine gefährliche Grenze stößt. Sie fürchten, die verstärkte soziale Kontrolle, die das Virus ausgelöst hat, könnte auch nach seinem Verschwinden bestehen bleiben und unsere Freiheit einschränken. Individuen, die auf eine blanke Überlebenspanik regrediert sind, sind ideale Subjekte für die Einführung autoritärer Machtverhältnisse. Diese Gefahr ist äußerst real: Viktor Orbán, der Premierminister Ungarns, ist ein extremes Beispiel dafür. Orbán hat ein Gesetz verabschiedet, das ihm erlaubt, auf unbestimmte Zeit per Dekret zu regieren. Diese Sorge verkennt jedoch, dass sich heute tatsächlich das genaue Gegenteil abspielt: Obwohl die Mächtigen versuchen, uns für den Ausgang der Krise verantwortlich zu machen und darauf beharren, dass wir persönlich dafür verantwortlich sind, einen angemessenen Abstand zu wahren, unsere Hände zu waschen, Masken zu tragen und so weiter, verhält es sich in Wirklichkeit genau andersherum. Die Nachricht, die wir als Subjekte an die Staatsmacht richten, lautet: Wir befolgen gerne eure Vorgaben, aber es sind *eure* Vorgaben … und nichts kann sicherstellen, dass unser Gehorsam vollkommen seinen Zweck erfüllen wird. Diejenigen, die im Staat an den Hebeln sitzen, sind panisch, weil sie nicht nur wissen, dass sie keine Kontrolle über die Situation haben, sondern auch, dass wir – ihre Untergebenen – darum wissen. Die Impotenz der Macht ist nun sichtbar geworden.

Wir alle kennen diese klassische Cartoon-Szene: Die Katze rennt über einen Abgrund, läuft noch etwas weiter und ignoriert die Tatsache, dass sie keinen Boden mehr unter ihren Füßen hat.[43] Sie stürzt erst in dem Moment ab, in dem sie herabblickt und in den Abgrund schaut. Wenn die Regierung ihre Autorität verliert, ähnelt sie der Katze über dem Abgrund: Um zu stürzen, muss man sie nur daran erinnern, herabzublicken. Doch auch das Gegenteil ist wahr: Wenn sich ein autoritäres Regime seiner letzten Krise nähert, erfolgt seine Auflösung für gewöhnlich in zwei Schritten. Vor dem tatsächlichen Zusammenbruch des Regimes kommt es zu einem mysteriösen Riss. Plötzlich wissen alle, dass das Spiel aus ist. Die Menschen haben keine Angst mehr. Nicht nur verliert das Regime seine Legitimation, seine Machtausübung selbst wird als eine impotente Panikreaktion wahrgenommen. In seinem gefeierten Buch *König der Könige*, in dem er die von Chomeini angeführte Islamische Revolution darstellt, hat Ryszard Kapuściński den Moment dieses Risses exakt verortet: Ein einzelner Demonstrant hat sich an einer Kreuzung in Teheran geweigert, aus dem Weg zu gehen, als ein Polizist ihm den Befehl erteilt hat, sich zu bewegen. Daraufhin zog sich der beschämte Polizist einfach zurück. Wenige Stunden später sprach ganz Teheran über diesen Vorfall. Obwohl die Straßenkämpfe noch Wochen andauerten, wussten alle irgendwie, dass das Spiel aus war …[44] Einige Anzeichen deuten darauf hin, dass heute etwas Ähnliches geschieht: All die autoritären Maßnahmen, die die Staatsapparate anhäufen, machen ihre grundsätzliche Impotenz nur noch deutlicher sichtbar.

Wir sollten jedoch der Versuchung widerstehen, diesen Vertrauensverlust als eine Möglichkeit zu verklären, die die Menschen nutzen können, um sich außerhalb von Staatsapparaten auf lokaler Ebene selbst zu verwalten. Gerade heute bräuchte es mehr denn je einen effizienten Staat, der „liefert" und dem man, jedenfalls bis zu einem gewissen Grad, vertrauen kann. Die Selbstorganisation lokaler Gemeinschaften kann nur in Kombination mit dem Staatsapparat und mit der Wissenschaft funktionieren. Wir müssen jetzt zugeben, dass die moderne Wissenschaft trotz ihrer verborgenen Vorurteile die vorherrschende Form transkultureller Universalität ist. Die Pandemie ist der Wissenschaft eine willkommene Gelegenheit, sich in dieser Rolle zu behaupten.

Hier tritt jedoch ein neues Problem auf: In der Wissenschaft gibt es keinen großen Anderen. Es gibt kein

Subjekt, dem wir vollkommen vertrauen können, dem wir zweifelsfrei unterstellen können, dass es weiß. Unterschiedliche Epidemiologen kommen zu unterschiedlichen Schlüssen und machen unterschiedliche Vorschläge, was zu tun sei. Sogar das, was uns an Daten präsentiert wird, ist offensichtlich durch unterschiedliche Verstehenshorizonte gefiltert. Wie kann man beispielsweise feststellen, ob eine alte und schwache Person wirklich am Virus gestorben ist? Man sollte die Tatsache, dass viel mehr Menschen an anderen Krankheiten als am Coronavirus sterben, nicht dafür instrumentalisieren, die Krise herunterzuspielen. Es ist jedoch wahr, dass die Behandlung von Krankheiten, die nicht als akut eingestuft wurden (Menschen auf Krebs oder Leberschäden zu testen etwa), verschoben wurde, da sich unser Gesundheitssystem auf das Coronavirus konzentriert. Der Fokus auf Corona könnte also auf lange Sicht mehr Schaden anrichten, als es das Virus unmittelbar tut. Außerdem gibt es selbstverständlich die fatalen wirtschaftlichen Folgen des Lockdowns: Bereits Anfang April begannen frisch verarmte Menschen im Süden Italiens mit lokalen Nahrungsaufständen. Daraufhin musste die Polizei in Palermo die Lebensmittelgeschäfte schützen. Haben wir wirklich nur die Wahl zwischen einer Top-down-Kontrolle nach chinesischem Vorbild oder der laxen Herangehensweise der „Herdenimmunität"? Hier müssen schwere Entscheidungen gefällt werden, die nicht nur mit wissenschaftlichem Wissen begründet sein können. Es ist leicht, davor zu warnen, dass die Staatsmacht die Pandemie als Ausrede nutze, um einen permanenten Ausnahmezustand einzuführen. Aber welche Alternativvorschläge haben diejenigen, die solche Warnungen aussprechen?

Die Panik, die unsere Reaktion auf die Pandemie begleitet, wurde nicht einfach von den Mächtigen orchestriert.

Denn aus welchem Grund sollte das Kapital eine solche Megakrise riskieren? Es handelt sich dabei vielmehr um einen aufrichtigen und wohlbegründeten Alarm. Doch der vornehmliche Fokus der Medien auf das Coronavirus gründet nicht auf neutralen Fakten, sondern ist ganz offensichtlich eine ideologische Entscheidung. Vielleicht kann man sich hier eine maßvolle Verschwörungstheorie erlauben. Was, wenn die Repräsentanten der gegenwärtigen kapitalistischen Weltordnung jetzt auch erkannt haben, worauf kritische marxistische Analytiker schon seit einiger Zeit hinweisen: dass sich das System, wie wir es kennen, in einer ernsten Krise befindet und dass es in seiner bestehenden liberal-toleranten Form nicht weiter existieren kann. Was, wenn die besagten Repräsentanten die Pandemie skrupellos ausnutzen, um eine neue Regierungsform einzuführen? Es ist äußerst wahrscheinlich, dass sich ein neuer barbarischer Kapitalismus als Ergebnis der Pandemie durchsetzen wird. Viele alte und schwache Menschen wird man opfern und sterben lassen. Arbeiter werden einen wesentlich geringeren Lebensstandard akzeptieren müssen. Die digitale Kontrolle unseres Lebens wird zum Dauerzustand werden. Die Klassenunterschiede werden zunehmend eine Frage von Leben und Tod werden. Was wird von den kommunistischen Maßnahmen bleiben, die die Mächtigen gerade umsetzen müssen?

Wir sollten also nicht zu viel Zeit mit spiritualistischen New-Age-Überlegungen verschwenden, die behaupten, dass die Viruskrise eine Chance sei, uns auf das zu konzentrieren, worum es im Leben wirklich geht. Der wahre Kampf wird sich darum drehen, welche Gesellschaftsform die „Neue Weltordnung" des liberalen Kapitalismus ersetzen wird. Das ist unsere wirkliche Verabredung in Samarra.

Anhang: Zwei hilfreiche Briefe von Freunden

Lassen Sie mich mit einem persönlichen Geständnis beginnen: Ich mag die Vorstellung, eingeschlossen in meiner eigenen Wohnung zu sitzen und viel Zeit zum Lesen und Arbeiten zu haben. Selbst wenn ich reise, ziehe ich es vor, in einem hübschen Hotelzimmer zu bleiben und all die Sehenswürdigkeiten des Ortes, an dem ich mich befinde, zu ignorieren. Ein guter Aufsatz über ein berühmtes Gemälde bedeutet mir wesentlich mehr, als dieses Gemälde in einem überfüllten Museum tatsächlich zu sehen. Ich habe jedoch festgestellt, dass mir das nun, da ich dazu gezwungen bin, mich einzuschließen, schwerer fällt. Um das zu erklären, lassen Sie mich – gewiss nicht zum ersten Mal – den berühmten Witz aus Ernst Lubitschs *Ninotschka* erzählen: „Ober! Eine Tasse Kaffee ohne Sahne, bitte!" – „Tut mir leid, mein Herr, wir haben keine Sahne, sondern nur Milch. Kann ich Ihnen einen Kaffee ohne Milch anbieten?" Auf der Ebene der Tatsachen bleibt der Kaffee derselbe. Was sich jedoch ändert, ist, dass der Kaffee ohne Sahne zu einem Kaffee ohne Milch wird – oder, um es klarer auszudrücken, es wird eine implizite Negation hinzugefügt, und der einfache Kaffee wird in einen Kaffee ohne Milch verwandelt. Dasselbe ist mit meiner Isolation passiert. Vor der Krise war es eine Isolation „ohne Milch" – ich hätte rausgehen können, aber ich entschied mich dazu, es nicht zu tun.

101

Jetzt habe ich einen einfachen Isolationskaffee, ohne dass dabei eine mögliche Negation impliziert ist.

Mein Freund Gabriel Tupinamba, der lacanianischer Psychoanalytiker ist und in Rio de Janeiro lebt, hat mir dieses Paradox in einer E-Mail folgendermaßen erklärt: „Menschen, die schon vorher von zu Hause aus gearbeitet haben, sind nun die Ängstlichsten von allen. Sie sind den schlimmsten Ohnmachtsfantasien ausgesetzt, da nicht einmal eine Veränderung ihrer Gewohnheiten die Einzigartigkeit dieser Situation in ihrem Alltagsleben eingrenzen kann." Sein Punkt ist zwar komplex, aber klar: Wenn es keine große Veränderung in unserer Alltagsrealität gibt, wird die Gefahr als eine geisterhafte Fantasie empfunden, die nirgends sichtbar und daher umso mächtiger ist. Denken Sie nur daran, wie der Antisemitismus zur Zeit des Dritten Reichs gerade dort am stärksten verbreitet war, wo die wenigsten jüdischen Menschen gelebt haben – ihre Unsichtbarkeit machte sie zu einem furchterregenden Gespenst.

Tupinamba analysiert seine Patienten per Telefon oder Skype weiter, obwohl er sich in Selbstisolation begeben hat. In seiner E-Mail hat er mit etwas Sarkasmus angemerkt, dass Analytiker, die sich zuvor aus theoretischen Gründen strikt gegen eine Psychoanalyse *in absentia* (per Telefon oder Skype) ausgesprochen hatten, sofort dazu übergegangen sind diese anzubieten, als es unmöglich wurde, ihre Patienten persönlich zu treffen. Sie hätten sonst auf ihr Einkommen verzichten müssen.

Tupinambas erster Gedanke zur Gefahr durch das Coronavirus war, dass sie ihn an das erinnere, was Freud zu Beginn von *Jenseits des Lustprinzips* feststellt: Das ursprüngliche Rätsel, das Freud umtrieb, lag darin, dass Soldaten, die im Krieg verletzt wurden, dazu in der Lage waren, ihre traumatischen Erfahrungen besser zu verarbeiten als diejenigen, die unversehrt zurückgekehrt sind. Diese neigten dazu, wiederkehrende Träume zu haben und die gewaltvollen Bilder und Fantasien aus der Kriegszeit wieder und wieder zu erleben. Tupinamba verband dies mit seinen Erinnerungen an die berühmten Juni-Proteste, die 2013 in Brasilien stattfanden:

An vielen meiner Freunde, die unterschiedlichen militanten Organisationen angehören und an der vordersten Protestfront von der Polizei verletzt und verprügelt wurden, war eine Art subjektiver Erleichterung zu bemerken, die daher rührte, dass sie von der Situation „gekennzeichnet" worden waren. Damals hatte ich die Intuition, dass diese Verletzungen das Ausmaß der unsichtbaren politischen Kräfte „herunterschraubten". Dieser Moment wurde so in eine kontrollierbare individuelle Form gebracht, wodurch die fantasmatische Macht des Staates ein wenig eingegrenzt wurde. Es wirkte fast, als würden die Schnitte und Prellungen dem Anderen Umrisse verleihen.

(„Der Andere" ist hier der allmächtige, unsichtbare Akteur, der den Paranoiden verfolgt.)

Tupinamba stellte des Weiteren fest, dass man dasselbe Paradox zu Beginn der HIV-Krise beobachten konnte:

Die unsichtbare Ausbreitung der HIV-Krise und die Unmöglichkeit, uns ihr Ausmaß angemessen zu verdeutlichen, war so nervenaufreibend, dass manche es sogar akzeptierten, sich „infiziert mit HIV" in ihren Pass Stempeln zu lassen, um die Situation symbolisch einigermaßen fassbar zu machen. Das würde der Kraft des Virus immerhin ein gewisses Maß verleihen und uns in die Lage versetzen zu erkennen, welche Form von Freiheit uns noch bleibt, wenn wir uns bereits mit dem Virus angesteckt haben.

Hier haben wir es mit der von Lacan ausgearbeiteten Unterscheidung zwischen der Realität und dem Realen zu tun: Die Realität ist die äußere Realität, unser gesellschaftlicher und materieller Raum, an den wir gewöhnt sind, in dem wir uns orientieren und mit anderen interagieren können. Das Reale hingegen ist eine gespenstische Entität, es ist unsichtbar und erscheint gerade aus diesem Grund als allmächtig. In dem Moment, in dem dieser gespenstische Akteur Teil unserer Realität wird (selbst wenn das bedeutet, sich mit einem Virus anzustecken), wird seine Macht lokalisiert. Sie wird zu etwas, womit man umgehen kann (selbst wenn wir den Kampf verlieren). Solange diese Versetzung in die Realität nicht stattfinden kann, „sind wir entweder in einem Zustand ängstlicher Paranoia gefangen (reine Globalität) oder wir greifen auf wirkungslose Symbolisierungen zurück, weil wir ins Ausagieren verfallen und uns dadurch unnötigen Risiken aussetzen (reine Lokalität)." Diese „wirkungslosen Symbolisierungen" haben schon viele Formen angenommen – die bekannteste ist Trumps Aufruf, die Risiken zu ignorieren und Amerika wieder zum Laufen zu bringen. Solche Handlungen sind noch schlimmer, als daheim ein Fußballmatch auf dem Fernseher zu sehen und dabei zu klatschen und zu schreien, als könnte man das Ergebnis so auf magische Weise beeinflussen. Das heißt jedoch nicht, dass wir hilflos sind: Wir können dieser Sackgasse entrinnen, auch wenn die Wissenschaft die technischen Mittel, mit denen das Virus eingedämmt werden kann, noch nicht bereitgestellt hat. Dazu erneut Tupinamba:

Es ist weniger wahrscheinlich, dass Ärzte, die sich mitten im Geschehen der Pandemie befinden, oder Menschen, die sich in Randgebieten gegenseitige Hilfssysteme einrichten, einer wahnhaften Paranoia anheimfallen. Diese Tatsache suggeriert mir, dass bestimmte Formen gegenwärtiger politischer Arbeit eine Art von subjektivem „Kollateralnutzen" mit sich bringen. Es scheint, als stelle die Politik in Gestalt bestimmter Vermittlungen – und meistens ist der Staat das einzige verfügbare Mittel, was mir jedoch kontingent erscheint – nicht nur die Mittel bereit, eine Situation zu verändern, sondern als verleihe sie den Dingen, die wir verloren haben, auch eine angemessene Form.

Die Tatsache, dass sich mehr als 400 000 junge und gesunde Menschen im Vereinigten Königreich in Reaktion auf das Virus freiwillig gemeldet haben, um Menschen in Not zu helfen, ist ein Zeichen, das diese Beobachtung bestätigt. Aber was passiert mit denen, die sich nicht auf diese Weise engagieren können? Was können wir tun, um den psychischen Druck zu ertragen, der daraus resultiert, dass wir in Zeiten einer Pandemie leben? Hier lautet meine erste Regel: Es ist nicht an der Zeit, irgendeine geistige Authentizität zu suchen und in den ultimativen Abgrund unseres Seins zu starren. Um einen Satz des späten Lacan zu zitieren: „Versuchen Sie, sich ohne Scham mit ihrem Symptom zu identifizieren." Das bedeutet (ich vereinfache das Argument hier ein wenig), dass Sie voll und ganz zu all Ihren kleinen Ritualen, Formeln, Marotten und so weiter stehen sollten, die Ihnen helfen, Ihr Alltagsleben zu stabilisieren. Alles, was funktionieren könnte, ist erlaubt, insofern es hilft, einen psychischen Zusammenbruch zu vermeiden – sogar Formen fetischistischer Verleugnung: „Ich weiß schon ... (wie ernst die Situation ist), aber trotzdem ... (glaube ich nicht wirklich daran)." Denken Sie nicht zu sehr an die Zukunft, sondern konzentrieren Sie sich auf heute und darauf, was Sie tun werden, bis Sie sich schlafen legen. Sie könnten beispielsweise das Spiel spielen, das in dem Film *Das Leben ist schön* vorkommt: Tun Sie so, als sei der Lockdown nur ein Spiel, an dem Sie und Ihre Familie freiwillig teilnehmen und das mit einem großen Preis lockt, falls Sie gewinnen. Und wenn wir schon bei Film und

Fernsehen sind: Überlassen Sie sich doch einfach all Ihren Lastern. Schauen Sie Katastrophen-Filme, Comedy-Serien mit Dosengelächter (etwa *Will and Grace*) oder YouTube-Dokumentationen über die großen Schlachten der Vergangenheit. Meine persönliche Vorliebe sind düstere skandinavische – am besten sogar isländische – Krimi-Serien wie *Trapped* oder *Valhalla Murders*.

Sich dem Bildschirm völlig zu überlassen, wird Sie jedoch nicht vollends retten. Die wichtigste Aufgabe liegt darin, Ihr Alltagsleben auf eine stabile und bedeutungsvolle Weise zu strukturieren. Andreas Rosenfelder, ein deutscher Journalist bei der *Welt*, hat die neue Haltung zum Alltagsleben, die gerade entsteht, folgendermaßen beschrieben:

Diese neue Ethik fühlt sich für mich, auch im Journalismus, fast heldenhaft an. Alle arbeiten Tag und Nacht in ihrem Home Office, nehmen an Videokonferenzen teil, kümmern sich um die Kinder oder geben ihnen dazu noch Unterricht, und niemand fragt sie, warum sie das tun. Es steht gar nicht mehr zur Debatte, ob sie das tun, um Geld verdienen und Urlaub machen zu können und so weiter. Denn niemand weiß, ob es überhaupt noch Urlaub und Geld geben wird. Mehr denn je geht es um die Vorstellung von einer Welt, in der Sie eine Wohnung haben, Grundnahrungsmittel und Wasser, die Liebe anderer Menschen und eine Aufgabe, die wirklich etwas bedeutet. Die Vorstellung, dass man „mehr" brauchen könnte, scheint inzwischen unwirklich.

Ein anständiges und nicht-entfremdetes Leben – denn so sollten wir es ohne Scham nennen – könnte wohl kaum besser beschrieben werden. Und ich hoffe, dass etwas von dieser Haltung die Pandemie überleben wird.

Anmerkungen

1 Georg W. F. HEGEL, „Entwürfe über Religion und Liebe" (1797/1798), [Liebe und Religion], in: ders., *Frühe Schriften. Gesammelte Werke I*, Frankfurt: Suhrkamp 1986, 239–255, hier 244.

2 Georg W. F. HEGEL, „Naturphilosophie und Philosophie des Geistes. Vorlesungsmanuskript zur Realphilosophie" (1805/06), in: ders., *Gesammelte Werke 8. Jenaer Systementwürfe III*, Hamburg: Felix Meiner Verlag 1976, 187.

3 Verna YU, „If China valued free speech, there would be no coronavirus crisis", in: https://www.theguardian.com/world/2020/feb/08/if-china-valued-free-speech-there-would-be-no-coronavirus-crisis (Onlinequelle, zuletzt abgerufen am 14. Juni 2020).

4 Sarah BOSELEY, „Coronavirus ,could infect 60% of global population if unchecked'", in: *The Guardian*, 11. Februar 2020: https://www.theguardian.com/world/2020/feb/11/coronavirus-expert-warns-infection-could-reach-60-of-worlds-population (Onlinequelle, zuletzt abgerufen am 14. Juni 2020).

5 BBC MONITORING, „Coronavirus: Russian media hint at US conspiracy", 7. Februar 2020, in: https://www.bbc.com/news/world-europe-51413870 (Onlinequelle, zuletzt abgerufen am 15. Juni 2020).

6 Herbert G. WELLS, *Der Krieg der Welten*, Zürich: Diogenes Verlag 2005, 200.

7 https://en.wikipedia.org/wiki/The_War_of_the_Worlds

8 Byung-Chul HAN, *Müdigkeitsgesellschaft*, Berlin: Matthes & Seitz 2010.

9 Byung-Chul HAN, *Psychopolitik. Neoliberalismus und die neuen Machttechniken*, Frankfurt: S. Fischer Verlag 2014, 15.

10 Ebenda, 14.

11 Ebenda, 9.

12 Ebenda.

13 Mustafa Abu SNEINEH, „EXCLUSIVE: Kamila Shamsie stripped of German literary prize over support for BDS", in: *Middle East*

Eye, 18. September 2019: https://www.middleeasteye.net/news/ german-city-reverse-prize-uk-author-kamila-shamsie-over-support-bds#:~:text=A%20German%20city%20has%20reversed,and%20 Sanctions%20(BDS)%20movement (Onlinequelle, zuletzt abgerufen am 22. Juni 2020).

14 Vgl. Stephan SIEMENS, Martina FRENZEL, *Das unternehmerische Wir*, Hamburg: VSA Verlag 2014.

15 Eva BOCKENHEIMER, „Where Are We Developing the Requirements for a New Society? The Dialectic of Today's Capitalism from a Hegelian-Marxist Perspective", in: Victoria FARELD, Hannes KUCH (Hg.), *From Marx to Hegel and Back. Capitalism, Critique, and Utopia*, London: Bloomsbury 2020, 197–212, hier 209.

16 Martin CHULOV, „Iran's deputy health minister: I have corona-virus", in: https://www.theguardian.com/world/2020/feb/25/irans-deputy-health-minister-i-have-coronavirus (Onlinequelle, zuletzt abgerufen am 16. Juli 2020).

17 Diese Einsicht verdanke ich Andreas Rosenfeld.

18 Alastair JAMIESON, „Hungary's Orban lashes out at slow EU growth, ‚sinister menaces' and George Soros", in: https://www. euronews.com/2020/02/16/hungary-s-orban-lashes-out-at-slow-eu-growth-sinister-menaces-and-george-soros (Onlinequelle, zuletzt ab-gerufen am 17. Juli 2020).

19 Ein Asterisk bedeutet hier und im Folgenden: Im Original deutsch *(A. d. Ü.)*.

20 BLOOMBERG NEWS, „China's Push to Restart Economy Revives Data Worries", in: https://www.bloombergquint.com/global-econo-mics/china-s-push-to-jump-start-economy-revives-worries-of-fake-data (Onlinequelle, zuletzt abgerufen am 27. Juli 2020).

21 Joshua BERLINGER, „WHO warns governments ‚this is not a drill' as coronavirus infections near 100.000 worldwide", in: https://edi-tion.cnn.com/2020/03/06/asia/coronavirus-covid-19-update-who-intl-hnk/index.html (Onlinequelle, zuletzt abgerufen am 28. Juli 2020).

22 Will HUTTON, „Coronavirus won't end globalisation, but change it hugely for the better", in: https://www.theguardian.com/commentis-free/2020/mar/08/the-coronavirus-outbreak-shows-us-that-no-one-can-take-on-this-enemy-alone (Onlinequelle, zuletzt abgerufen am 28. Juli 2020).

23 Owen JONES, „Why don't we treat the climate crisis with the same ur-gency sa coronavirus?", in: https://www.theguardian.com/comment-

isfree/2020/mar/05/governments-coronavirus-urgent-climate-crisis (Onlinequelle, zuletzt abgerufen am 28. Juli 2020).

24 Shaun LINTERN, „Coronavirus: Weakest patients could be denied life-saving care due to lack of funding for NHS, doctors admit", in: https://www.msn.com/en-gb/news/uknews/coronavirus-weakest-patients-could-be-denied-lifesaving-care-due-to-lack-of-funding-for-nhs-doctors-admit/ar-BB10raxq (Onlinequelle, zuletzt abgerufen am 28. Juli 2020).

25 Alle Zitate im Folgenden aus: Giorgio AGAMBEN, „The state of exception provoked by an unmotivated emergency", in: http://positionswebsite.org/giorgio-agamben-the-state-of-exception-provoked-by-an-unmotivated-emergency/ (Onlinequelle, zuletzt abgerufen am 03. August 2020).

26 Benjamin Bratton in einer privaten Korrespondenz.

27 Siehe: https://www.yourdictionary.com/virus (Onlinequelle, zuletzt abgerufen am 03. August 2020).

28 Daniel C. DENNETT, *Freedom Evolves*, New York: Viking 2003, 173.

29 Giorgio AGAMBEN, „Clarifications", in: https://itself.blog/2020/03/17/giorgio-agamben-clarifications/ (Onlinequelle, zuletzt abgerufen am 04. August 2020).

30 Zitiert nach John VIDAL, „‚Tip of the iceberg': is our destruction of nature responsible for Covid-19?", in: https://www.theguardian.com/environment/2020/mar/18/tip-of-the-iceberg-is-our-destruction-of-nature-responsible-for-covid-19-aoe (Onlinequelle, zuletzt abgerufen am 04. August 2020).

31 Ryan MORRISON, „Thousands of lives have been SAVED in China since the coronavirus outbreak started, claim scientists after lockdowns drive down air pollution around the globe", in: https://www.dailymail.co.uk/sciencetech/article-8121515/Global-air-pollution-levels-plummet-amid-coronavirus-pandemic.html   (Onlinequelle, zuletzt abgerufen am 05. August 2020).

32 Kevin RAWLINSON, „Coronavirus latest: 18 March at a glance", in: https://www.theguardian.com/world/2020/mar/18/coronavirus-latest-at-a-glance-wednesday-2020 (Onlinequelle, zuletzt abgerufen am 05. August 2020).

33 Byung-Chul HAN, „Wir dürfen die Vernunft nicht dem Virus überlassen", in: https://www.welt.de/kultur/plus206681771/Byung-Chul-Han-zu-Corona-Vernunft-nicht-dem-Virus-ueberlassen.html (Onlinequelle, zuletzt abgerufen am 07. August 2020).

34 Catherine MALABOU, „To Quarantine from Quarantine: Rousseau, Robinson Crusoe, and ‚I'", in: https://critinq.wordpress.

com/2020/03/23/to-quarantine-from-quarantine-rousseau-ro-binson-crusoe-and-i/?fbclid=IwAR2t6gCrl7tpdRPWhSBWXScsF (Onlinequelle, zuletzt abgerufen am 07. August 2020).

35 Yanis VAROUFAKIS, „Last night Julian Assange called me. Here is what we talked about", in: https://www.yanisvaroufakis.eu/2020/03/24/last-night-julian-assange-called-me-here-is-what-we-talked-about/ (Onlinequelle, zuletzt abgerufen am 10. August 2020).

36 Bret STEPHENS, „It's Dangerous to Be Ruled by Fear", in: https://www.nytimes.com/2020/03/20/opinion/coronavirus-data.html (Onlinequelle, zuletzt abgerufen am 10. August 2020).

37 Louis BECKETT, „Older people would rather die than let Covid-19 harm US economy – Texas official", in: https://www.theguardian.com/world/2020/mar/24/older-people-would-rather-die-than-let-covid-19-lockdown-harm-us-economy-texas-official-dan-patrick (Onlinequelle, zuletzt abgerufen am 10. August 2020).

38 Dieses und die folgenden Zitate aus: Bruno LATOUR, „Is This a Dress Rehearsal?", in: https://critinq.wordpress.com/2020/03/26/is-this-a-dress-rehearsal/ (Onlinequelle, zuletzt abgerufen am 17. August 2020).

39 Jane BENNETT, *Vibrant Matter*, Durham: Duke University Press 2010, 4–6.

40 Diese Information habe ich von Renata Avila, einer Menschenrechtsanwältin aus Guatemala.

41 Martin MÜLLER, „Assemblages and Actor-networks: Rethinking Socio-material Power, Politics and Space", in: *Geography Compass* 9/1 (2015): 27–41, hier 31. Mir scheint, als ignoriere die derzeit vorherrschende normative (an Brandom anschließende) Hegellesart, dass normative Standpunkte und Behauptungen mit einem komplexen Netzwerk materieller und immaterieller Lebensprozesse verwoben sind.

42 William HANAGE, „I'm an epidemiologist. When I heard about Britain's ‚herd immunity' coronavirus plan, I thought it was satire", in: https://www.theguardian.com/commentisfree/2020/mar/15/epidemiologist-britain-herd-immunity-coronavirus-covid-19 (Onlinequelle, zuletzt abgerufen am 19. August 2020).

43 Ich habe wohl kein Buch geschrieben, ohne diese Szene zumindest einmal zu erwähnen.

44 Vgl. Ryszard KAPUŚCIŃSKI, *König der Könige. Eine Parabel der Macht*, Frankfurt am Main: Eichborn 2000.